本教材受北京林业大学研究生课程建设项目资助（项目编号

# 国际汉语
## 教学活动设计与训练

主 编 王 锦 黄 鹤
参 编 黄 悦 成思家 莎日娜

南京大学出版社

图书在版编目(CIP)数据

国际汉语教学活动设计与训练 / 王锦,黄鹤主编
. — 南京：南京大学出版社,2024.3
ISBN 978-7-305-26241-8

Ⅰ．①国… Ⅱ．①王… ②黄… Ⅲ．①汉语－对外汉语教学－教学设计－研究 Ⅳ．①H195.3

中国版本图书馆 CIP 数据核字(2022)第 211723 号

出版发行　南京大学出版社
社　　址　南京市汉口路 22 号　　邮　编　210093
书　　名　**国际汉语教学活动设计与训练**
　　　　　GUOJI HANYU JIAOXUE HUODONG SHEJI YU XUNLIAN
主　　编　王　锦　黄　鹤
责任编辑　黄　睿　　　　　　　　编辑热线　025-83685720
照　　排　南京南琳图文制作有限公司
印　　刷　苏州市古得堡数码印刷有限公司
开　　本　787 mm×1092 mm　1/16　印张 15.25　字数 334 千
版　　次　2024 年 3 月第 1 版　2024 年 3 月第 1 次印刷
ISBN 978-7-305-26241-8
定　　价　58.00 元

网址：http://www.njupco.com
官方微博：http://weibo.com/njupco
官方微信号：njupress
销售咨询热线：(025) 83594756

\* 版权所有,侵权必究
\* 凡购买南大版图书,如有印装质量问题,请与所购
　图书销售部门联系调换

# 序

由北京林业大学国际学院为国际学生学习汉语所编写的《国际汉语教学活动设计与训练》终于付梓了。这是学院上上下下通力合作的成果。

该书的关键词是"教学活动",因而不同于体系庞大且结构全面的成套教材。唯其站在巨人侧边,发挥其拱卒的特别作用,才是不可小觑的。

该书最大的特点是依据20世纪中叶发端并不断深化的教学法理论,密切而有效地结合国际学生的需求。当年英国和欧洲其他国家的语言学家提出 communicative competence 呼应美国学者乔姆斯基的"语言能力"和海姆斯的"交际能力",倡导"用语言去学"和"学会用语言",而不是仅仅"学语言"。这个思想传到中国后,曾经在前上海外国语学院和前广州外国语学院引起一场对英语教学"准确性"和"交际能力"看法的大辩论。其后在中国人学外语领域,伴随着"二语习得"理论,各种派生理论不断得到深入研究和应用。这个潮流随后深刻地影响了国际学生学习汉语的教学思想,目前在汉语教学大家的成套教材中都有体现。本书编者心慕手追,潜心阅读,不错过培训和会议机会,不断采撷精华,为己所用。因此,活动设计得以融关键教学原则于一体,充分体现其教学思想的理论基础。

第二个特点是深深扎根于系统而扎实的汉语知识及其所蕴含的广泛而深厚的中国文化。汉语方块字属表意文字,使大多数操表音文字的国际学生在学习语音、句法方面尤其困难重重。1958年颁布的汉字注音拉丁化的《汉语拼音方案》从根本上帮助外国学生张口。而马建忠1898年基于古汉语和拉丁语语法的《马氏文通》,历经百余年,由历代汉语专家借鉴新的语言学理论,从各个层面解读词汇、语法、语义、语用、话语、功能,完善中国特有语法结构,给予本书编者理论支撑和知识储备。书中所涉及的文化,自不待言,更是编者的智慧源泉。这样的教学,在一定程度上不仅超越了"学语言"和"用语言去学",更是渗透了对中国特定思想、文化的潜移默化,编者同时也创新了特定的思政教育。

长期坚持不懈地在教学一线通过实践总结更新教案,不断地吸纳众长、巧妙创新,为本书提供了丰富多彩的活动内容,也是本书的一大特色。首先体现在编者能够筛选出富有情趣、操作性强的活动,深受学生欢迎,使他们积极投入,甚至激情澎湃。其次是能够发现学生学习的难点,特意为他们设计活动辅助理解和运用,并在各轮教学中多次修改和实行,最后确定本书的设计方案。学生在任务的驱动下,发自内心地努力,从而习得语言,是多种教学法所提倡的,其中涉及多种教学法,不仅有教学研讨频率高的自然法、全身法、情景法、游戏法,也有音乐律动法、语言经验法等。这些活动促进了思维智商和情绪智商的协调发展。最后是主次分明,HSK考试大纲始终是指导文件,万变不离其宗。各种活动都做到纲举目张。

　　本书能够调动世界各地不同民族的学生积极参与、默契配合,圆满完成既定任务,倾注了北林国际学院的满腔热情和高度责任心。学院每逢节假日组织学生参与充满多种民族风情的活动和表演,聘请各界代表人物与学生欢聚,使学生不仅强烈感受到中国特有的文化和语言,也分享了世界各国的风情和传统。学院还为他们和全校的学生团体建立联系,在社团活动中深入生活、习得语言。学生形形色色的生活和学习困难得到学院上下及时的关心和帮助。中外师生之间所形成的水乳交融的关系保证了教学活动的成功完成。这是本书的最大特征。无论采用什么教学理论、使用什么教辅材料,依赖深厚的师生情谊才能达到既定目标。

吴江梅

# 前言

《国际汉语教学活动设计与训练》教材受北京林业大学研究生课程建设项目资助(项目编号:JCCB2033),由北京林业大学国际学院全体教师编撰。

本教材面向初级水平留学生汉语教学,活动设计以成年留学生为主。围绕语音、汉字、词汇、语法四个语言要素以及交际综合训练进行相关课堂活动设计,分为语音、汉字、词汇、语法、交际活动、文化体验活动六个部分。每个部分均设置对应的课堂活动,配有详细的活动设计,包括活动目的、活动准备、活动步骤以及活动说明,并且针对活动训练的语言点配备相应的练习,帮助留学生巩固复习。

本教材旨在寓教于动、寓教于练、寓教于用、寓教于乐,促使留学生亲自动手体验,真正做到"做中学""玩中学",打造亦师亦友、寓师于友的新型师生关系。本教材具有以下特点:一是寓教于乐,以课堂活动为主体,教师指导留学生动手体验"做中学""玩中学";二是教考结合,以HSK初级大纲词汇、语法为基础,结合考点设置练习;三是实用有效,交际内容贴近生活,创设真实的交际场景;四是"语文一体",将中国语言和文化融入活动。

传统教材编排往往忽视课堂活动设计,课堂活动多为最后一环,活动课没有严格限定的内容,教师使用时需要参考其他教材语言点重新设计活动。本教材在北京林业大学国际学院教师的教学实践总结基础上,整理设计了语音和汉字的大量活动,通过活动加强基本功训练,帮助留学生"做中学""玩中学",寓教于乐;词汇和语法训练则依托HSK初级内容设计活动,加入了大量练习操练,帮助留学生训练语言的同时掌握考点,做到教考结合;交际训练话题注重实用性,帮助留学生创设真实场景,解决与学习生活密切相关的实际问题;文化活动训练将语言和文化相融合,激发留学生对于中国语言和文化的兴趣,保持学习汉语的热情。

本教材从项目申请之初即得到了北京林业大学研究生院和国际学院领导的大力支持,在编写过程中也得到了相关领导、教师的多方关注和支持。本书由王锦老师、黄鹤老师主编,全书由北京林业大学国际学院全体老师合力编撰而成。

具体分工如下：王锦老师负责教材大纲，黄鹤老师编写第一章、第二章、第六章以及全书统稿，黄悦老师编写第三章、第四章，成思家老师编写第五章，莎日娜老师编写附录。图画部分由安德拉（多米尼克）、Elaine Zhang（美国）绘制完成。全书得到吴江梅教授的全力支持与指导。

# 目 录

## 第一章 语音训练活动 ......................................................... 1

### 第一节 声母训练 ............................................................. 3
活动1 声母接龙 ................................................................. 4
活动2 学唱声母歌 ............................................................... 5
活动3 我是声母人 ............................................................... 6
活动4 看谁快 ................................................................... 6
活动5 摘字母 ................................................................... 7
活动6 声母速递 ................................................................. 8
活动7 听音站队 ................................................................. 8
活动8 我说你写 ................................................................. 9
活动9 听音改读 ................................................................ 10

### 第二节 韵母训练 ............................................................ 11
活动10 抢读韵母 ............................................................... 12
活动11 举起手来 ............................................................... 12
活动12 背靠背 ................................................................. 13
活动13 猜口型 ................................................................. 14
活动14 我是谁 ................................................................. 15
活动15 韵母滚雪球 ............................................................. 16
活动16 找家乡 ................................................................. 16
活动17 这是我 ................................................................. 17

### 第三节 声调训练 ............................................................ 17
活动18 数字密码 ............................................................... 18
活动19 声调体操 ............................................................... 19
活动20 声调小魔术 ............................................................. 20
活动21 拍手示意 ............................................................... 21
活动22 声调归类 ............................................................... 21

· 1 ·

####### 第四节　音节训练 ································································ 22
　　活动 23　大胆试读 ····················································· 22
　　活动 24　连连看 ························································ 24
　　活动 25　猜商标 ························································ 25
　　活动 26　猜人名 ························································ 25
　　活动 27　快速改读 ····················································· 26
　　活动 28　找对错 ························································ 27
　　活动 29　拼音扑克牌 ·················································· 27
　　活动 30　声韵调匹配 ·················································· 28
　　活动 31　拼音转盘 ····················································· 28
　　活动 32　找朋友 ························································ 30
　　活动 33　拼音填表 ····················································· 30

####### 第五节　语流音变训练 ··············································· 32
　　活动 34　朗读唐诗 ····················································· 32
　　活动 35　绕口令 ························································ 33
　　活动 36　选歌词 ························································ 34

## 第二章　汉字学习活动 ······················································ 35

### 第一节　笔画部件 ································································ 37
　　活动 1　摇头晃脑 ······················································· 38
　　活动 2　笔画传递 ······················································· 39
　　活动 3　汉字归队 ······················································· 40
　　活动 4　笔顺竞猜 ······················································· 42
　　活动 5　拼图成字 ······················································· 45
　　活动 6　笔顺比赛 ······················································· 46
　　活动 7　拼字游戏 ······················································· 47
　　活动 8　汉字拆分 ······················································· 47
　　活动 9　写名字 ·························································· 48

### 第二节　汉字记忆 ································································ 49
　　活动 10　猜一猜 ························································ 49
　　活动 11　汉字闪记 ····················································· 51
　　活动 12　汉字速写 ····················································· 52
　　活动 13　认读比赛 ····················································· 53
　　活动 14　一呼百应 ····················································· 53

活动15　抢说汉字 ························································ 54
　　　活动16　汉字树 ·························································· 54
　　　活动17　汉字九宫格 ···················································· 55
　第三节　汉字辨析 ································································ 56
　　　活动18　改一改 ·························································· 56
　　　活动19　添一笔变新字 ················································· 57
　　　活动20　减一笔变新字 ················································· 58
　　　活动21　加两笔变个字 ················································· 59
　　　活动22　找字中字 ······················································· 60
　　　活动23　部首配字 ······················································· 61
　　　活动24　火眼金睛 ······················································· 62

　第四节　汉字游戏 ································································ 62
　　　活动25　汉字牌 ·························································· 63
　　　活动26　汉字接龙 ······················································· 63
　　　活动27　你说我猜 ······················································· 64
　　　活动28　汉字画 ·························································· 64
　　　活动29　画汉字 ·························································· 65
　　　活动30　猜字谜(1) ····················································· 66
　　　活动31　猜字谜(2) ····················································· 66

第三章　词汇学习活动 ············································································ 71

　第一节　名　词 ···································································· 73
　　　活动1　打地鼠 ··························································· 73
　　　活动2　我的家 ··························································· 75
　　　活动3　贴小人儿 ························································ 77
　　　活动4　辨方位 ··························································· 78
　　　活动5　拼拼图 ··························································· 79
　　　活动6　全家福 ··························································· 81
　　　活动7　找工作 ··························································· 82
　　　活动8　找动物 ··························································· 83
　　　活动9　房间里面有什么？············································· 85
　　　活动10　收拾行李 ······················································· 86
　　　活动11　我请客 ·························································· 88
　　　活动12　时间轴 ·························································· 89

· 3 ·

  活动 13 生日快乐 ·················································· 91

  活动 14 天气预报 ·················································· 92

  活动 15 消消乐 ···················································· 94

  活动 16 成绩单 ···················································· 95

第二节 动　词 ················································································ 97

  活动 17 我做你猜 ·················································· 97

  活动 18 生词连连看 ·············································· 98

  活动 19 照镜子 ···················································· 99

  活动 20 对对碰 ·················································· 100

  活动 21 组字成词 ················································ 101

  活动 22 读心术 ·················································· 102

  活动 23 我知道 ·················································· 104

  活动 24 翻译官 ·················································· 105

  活动 25 摘苹果 ·················································· 107

第三节 形容词 ············································································· 108

  活动 26 投色子 ·················································· 109

  活动 27 画房子 ·················································· 110

  活动 28 猜样子 ·················································· 111

  活动 29 反义匹配 ·············································· 112

  活动 30 考眼力 ·················································· 113

第四节 代　词 ·············································································· 115

  活动 31 我在这儿 ·············································· 115

  活动 32 英译中 ·················································· 116

第五节 数　词 ·············································································· 117

  活动 33 电话号码 ·············································· 117

  活动 34 百千万 ·················································· 118

第六节 量　词 ·············································································· 118

  活动 35 量词匹配 ·············································· 119

第七节 副　词 ·············································································· 120

  活动 36 对对碰 ·················································· 120

  活动 37 比记忆 ·················································· 121

第八节 连　词 ·············································································· 122

  活动 38 连词抢答 ·············································· 122

## 第四章　语法学习活动 ······ 125

### 第一节　疑问句 ······ 127
　　活动 1　对不对 ······ 127
　　活动 2　快速提问 ······ 129
　　活动 3　举笑脸 ······ 131
　　活动 4　做选择 ······ 132

### 第二节　祈使句 ······ 134
　　活动 5　贴标语 ······ 134
　　活动 6　制定班规 ······ 136

### 第三节　动作的状态 ······ 137
　　活动 7　我在上课呢 ······ 138
　　活动 8　你在做什么? ······ 139
　　活动 9　报数造句 ······ 140
　　活动 10　闯关达人 ······ 142
　　活动 11　三点一线 ······ 144

### 第四节　特殊句式 ······ 146
　　活动 12　你是爱丽吗? ······ 146
　　活动 13　小画家 ······ 147
　　活动 14　句型转换 ······ 148
　　活动 15　跳格子 ······ 149
　　活动 16　你做我猜 ······ 151
　　活动 17　句子转换 ······ 153
　　活动 18　补充句子 ······ 154
　　活动 19　组词成句 ······ 156

## 第五章　交际活动 ······ 159

### 第一节　认识新朋友 ······ 161
　　活动 1　为自己起个中文名字 ······ 161
　　活动 2　破冰活动——找朋友 ······ 162
　　活动 3　谁是接机人? ······ 163
　　活动 4　找语伴 ······ 164
　　活动 5　非诚勿扰 ······ 165

· 5 ·

## 第二节 日常消费 ································ 166
活动 6　日常购物 ································ 167
活动 7　准备一个生日聚会 ························ 169
活动 8　逛　街 ································ 169
活动 9　餐厅点餐 ································ 171
活动 10　网上购物与订餐 ························ 173

## 第三节 一起去旅行 ································ 174
活动 11　周末安排 ································ 174
活动 12　旅行计划 ································ 175
活动 13　我的社区 ································ 176
活动 14　问　路 ································ 177
活动 15　查地图 ································ 178
活动 16　打车/APP打车 ························ 178
活动 17　订购火车票、机票 ···················· 179
活动 18　酒店预订/租房 ························ 181

## 第四节 生活小难题 ································ 182
活动 19　请　假 ································ 182
活动 20　看　病 ································ 183
活动 21　我的卡丢了 ···························· 184
活动 22　寻找好心人 ···························· 184

## 第五节 学习与工作 ································ 186
活动 23　看懂成绩单 ···························· 186
活动 24　认识HSK考试 ·························· 187
活动 25　制作个人简历 ·························· 188
活动 26　求职面试 ································ 188

## 第六节 交往与分享 ································ 189
活动 27　制作全班生日日历 ···················· 189
活动 28　我爱中文班 ···························· 190
活动 29　制作邀请函 ···························· 191
活动 30　欢迎来我家 ···························· 191
活动 31　分享美好回忆 ·························· 192
活动 32　中国城市和我的家乡 ·················· 193

# 第六章 中国文化体验活动 ························ 195
活动 1　学唱中文歌 ······························ 197

活动 2　吹墨梅花 ……………………………………………… 198
　　活动 3　剪　纸 …………………………………………………… 199
　　活动 4　筷子夹夹夹 ……………………………………………… 199
　　活动 5　你喜欢哪种音乐？……………………………………… 200
　　活动 6　体验太极拳 ……………………………………………… 201
　　活动 7　学习书法 ………………………………………………… 202
　　活动 8　画地图 …………………………………………………… 202
　　活动 9　编制中国结 ……………………………………………… 203
　　活动 10　冬至包饺子 …………………………………………… 204
　　活动 11　绕口令 ………………………………………………… 204
　　活动 12　文化谐音你来猜 ……………………………………… 206
　　活动 13　历史人物知多少 ……………………………………… 206
　　活动 14　猜亲属 ………………………………………………… 207
　　活动 15　绘（唱）脸谱 …………………………………………… 208

附　录　文化知识 ……………………………………………………… 209

参考文献 ………………………………………………………………… 227

# 第一章 语音训练活动

语言是人类最重要的交际工具,它以语音为表现形式,以语意为内容,是一个由词汇和语法构成的符号系统。人类各种语言首先是以声音来作为交流思想的工具,就母语而言,我们学习的时候往往先从拼音字母开始,学一门外语也同样从语音着手。语言学家赵元任先生所著的《国语入门》(1956),将语音部分称为"基础工程"(Foundation Work),他说"发音的部分最难,也最要紧,因为语言的本身、语言的质地就是发音,发音不对,文法就不对,词汇就不对"。对于第二语言或外语学习,语音学习也是重要基础。

学习语言的最终目的是交际,而开口说话首先就面临着语音问题,语音不标准会影响交际。"老师,为什么你能听懂我们说的汉语,而别的中国人听不懂?"每次听到留学生这样诉说他们因"洋腔洋调"产生的苦恼时,我们更强烈地意识到语音准确的重要性。为此,我们归纳了留学生在语音学习中普遍遇到的难点和问题,尝试针对这些难点和问题设计课堂活动,并辅以相关练习,希望帮助留学生有效且愉快地进行汉语语音学习。

汉语的语音系统主要由声母、韵母和声调三部分组成。留学生在汉语语音学习中的主要难点如下:

声母:舌尖后音 zh、ch、sh、r,舌尖前音 z、c、s,舌面音 j、q、x,舌根音 g、k、h,送气音和不送气音(b/p,d/t)的区分。

韵母:撮口呼韵母 ü、üe、ün、üan,合口呼韵母 uei、ueng,以及前鼻音 in 和后鼻音 ing 的区分。

声调:上声、阳平最难。

由于绝大多数留学生的母语中不存在声调系统,因此声调作为汉语区别于印欧语系和其他语系的最重要标志之一,对于留学生来说是最大的难点。另外,音节拼读、语流偏误也容易造成语音偏误。

要想学好汉语,发音准确是基本功。目前,初级阶段的语音教学多以模仿、齐读、大量复读等机械性训练为主。如果进行过多无意义的语音训练,同学容易感到单调、厌倦,但是在语音教学中,音素、单音节的教学训练对于留学生准确发音又是至关重要的。因此,我们在第一章里通过设计一系列课堂活动来进行语音训练,包括声母训练、韵母训练、声调训练、音节训练、语流音变训练五个部分。希望同学们在生动活泼、充满趣味性的课堂活动中练习,巩固、提升发音的准确性。

## 第一节 声母训练

声母是汉语音节开头的辅音。普通话有21个声母,不同的声母是由不同的发音部位和发音方法决定的(见表1-1)。

按发音部位分类,声母可分为七类:双唇音、唇齿音、舌尖前音、舌尖中音、舌尖后音、舌面音、舌根音。

按发音方法分类,声母可分为五类:塞音、塞擦音、擦音、鼻音、边音。

表1-1 普通话声母总表

| 发音部位 | 塞音 | | 塞擦音 | | 擦音 | | 鼻音 | 边音 |
|---|---|---|---|---|---|---|---|---|
| | 清音 | | 清音 | | 清音 | 浊音 | 浊音 | 浊音 |
| | 不送气 | 送气 | 不送气 | 送气 | | | | |
| 双唇音 | b | p | | | | | m | |
| 唇齿音 | | | | | f | | | |
| 舌尖前音 | | | z | c | s | | | |
| 舌尖中音 | d | t | | | | | n | l |
| 舌尖后音 | | | zh | ch | sh | r | | |
| 舌面音 | | | j | q | x | | | |
| 舌根音 | g | k | | | h | | | |

了解发音部位和发音方法有助于正确区分汉语声母和英语辅音的发音,但准确的发音更需要大量的练习,本节希望通过一系列的声母训练活动帮助同学们有效练习声母发音中的重点和难点。

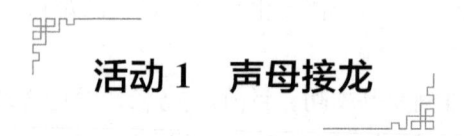

## 活动1 声母接龙

### 活动目的

熟练认读声母。

### 活动准备

准备PPT并展示声母表,做每个声母的卡片。

### 活动步骤

1. 教师将声母卡片打乱顺序发给学生。
2. 教师按顺序点PPT上声母表中的声母,拿着对应卡片的学生举起卡片并大声朗读。
3. 一轮完成后,学生交换卡片再次进行,如此反复,多次练习。

4. 教师不按顺序随机点 PPT 上声母表中的声母,拿着对应卡片的学生举起卡片并大声朗读。

### 活动说明

如果学生人数不够,部分同学每人可持有两张卡片。

### 练 习

认读并书写声母表。

## 活动 2　学唱声母歌

### 活动目的

准确快速认读声母。

### 活动准备

准备声母歌教学视频,制作一份打乱顺序的声母挂图或 PPT。

### 活动步骤

1. 全班学习唱读声母歌(英文字母歌旋律)。
2. 教师出示打乱顺序的声母挂图,请一名学生上前,自己边唱边指认图中对应的声母。
3. 加大难度,全班同学一起唱声母歌,台上的同学跟随合唱节奏指认。一两遍之后合唱速度可以加快。

### 活动说明

声母歌可以采用英文字母歌的旋律,教师自编录制教学视频。也可根据《小星星》《两只老虎》等学生熟悉的旋律进行改编。

### 练 习

请逐一读一读声母挂图中的声母。

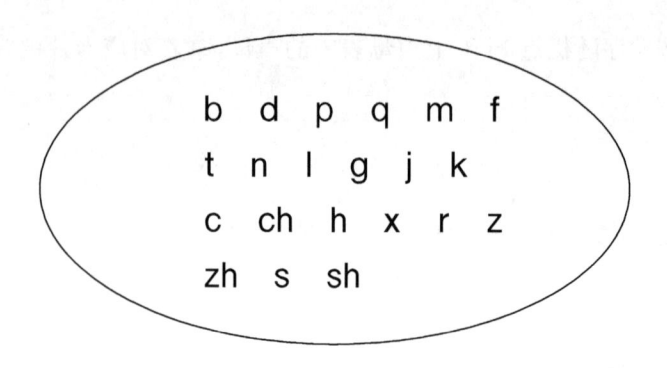

```
    b  d  p  q  m  f
    t  n  l  g  j  k
    c  ch  h  x  r  z
    zh    s    sh
```

## 活动3  我是声母人

### 活动目的

增加学生对声母的熟悉程度,提高学习的趣味性。

### 活动准备

制作若干需要练习的声母卡片。

### 活动步骤

1. 将学生分为四至五人一组。
2. 每组依次派学生上前抽取一张卡片,根据卡片上的声母,用身体摆出相应的造型或做出类似的动作。学生可以一人独自完成,也可以邀请同组伙伴一起完成。
3. 其他同学根据台上同学的造型猜声母。

### 活动说明

学生表演时不能直接用手比画出声母的形状。学生也可以根据自己所想的声母摆出造型让其他同学猜声母。

## 活动4  看谁快

### 活动目的

帮助学生准确快速听辨声母。

### 活动准备

制作两组声母卡片，一组大写，一组小写。

### 活动步骤

1. 将全班同学分为两组，一组拿大写字母卡片，一组拿小写字母卡片。
2. 教师快速念声母，要求两组中持有该声母的学生迅速站起来，最先站起来的得两分，后站起来的得一分，没站起来的得零分，站错了（拿的声母不对）的扣一分。
3. 得分多的组获胜，输了的同学罚唱声母歌。

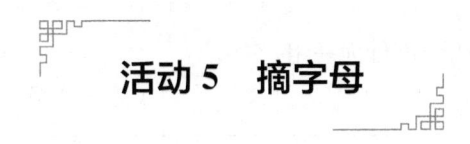

## 活动 5　摘字母

### 活动目的

帮助学生准确快速听辨声母。

### 活动准备

制作两组声母卡片，一组大写，一组小写。

### 活动步骤

1. 教师先把声母卡片分为两组贴在黑板上。
2. 将学生分为两组。
3. 各组第一名同学到黑板前等候，分别站在两组声母卡片前。
4. 教师说出一个声母，学生立即摘下相应的声母，放在讲台上。摘得对而快的得两分，对而慢的得一分，快而错的不得分，慢而错的扣一分。
5. 教师念第一个声母时，各组第二名同学即可上台等候。等第一名同学摘完声母，教师开始说出第二个声母，活动继续。
6. 得分多的组为优胜，得分少的组大声朗读声母表。

## 活动 6　声母速递

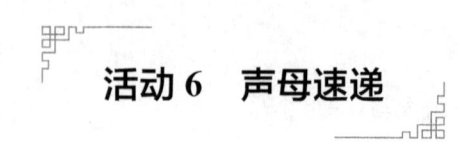

### 活动目的

帮助学生掌握声母的准确发音,找出学生易读错的声母(重点区分:舌尖后音 zh、ch、sh、r,舌尖前音 z、c、s 和舌面音 j、q、x;不送气音 b、d 和送气音 p、t;舌根音 g、k、h)。

### 活动准备

制作声母组卡片,可四个声母为一组。

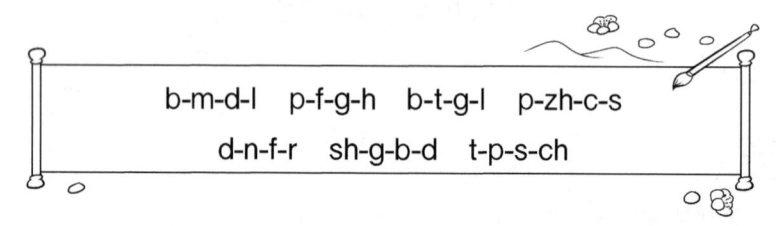

```
b-m-d-l    p-f-g-h    b-t-g-l    p-zh-c-s
d-n-f-r    sh-g-b-d   t-p-s-ch
```

### 活动步骤

1. 将全班学生分为若干组,排为纵队。
2. 教师将不同卡片发给每一组最后一名同学,卡片要倒扣在桌上,不可翻阅。
3. 教师说开始后,最后一名同学拿起卡片,看完后迅速用耳语告诉前一位同学。
4. 听到的同学再迅速向前一位传递,依次进行。
5. 传到第一排的同学听完后,迅速把听到的声母写在黑板上。
6. 第一排同学都写完后,最后一排同学出示卡片核对。传递又快又准确的组获胜。

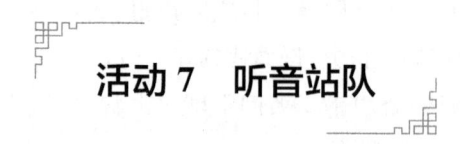

## 活动 7　听音站队

### 活动目的

提高对相近声母的辨别能力,帮助学生区分相似的声母。

### 活动准备

将相似声母组合制成卡片。两个或三个声母为一组。

```
b-p   d-t   n-l   m-f   z-zh   g-k-h   j-q-x   z-c-s
       zh-ch-sh   c-ch   s-sh   s-r
```

### 活动步骤

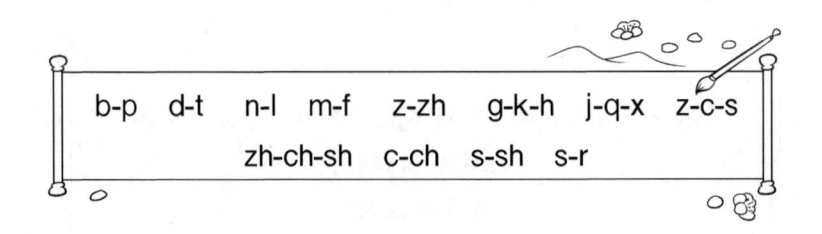

1. 教师将声母卡片横排固定在黑板上或写在黑板上。保证卡片前方有一定的空地。
2. 学生排队站好。
3. 教师随机读一个声母,学生迅速判断,站到相应的声母卡片前。
4. 教师继续随机说出声母,学生依次站队。
5. 站错队伍次数最多的学生朗读卡片上所有声母。

### 活动说明

1. 若教室空间不够大,可分组进行比赛。
2. 此活动同样适用于辨析认读以下音节。

zǎo(枣)—cǎo(草)　　bǎo(饱)—pǎo(跑)　　bào(报)—pào(炮)
jī(鸡)—qī(七)　　　 bó(伯)—pó(婆)　　　gè(个)—kè(课)
dú(独)—tú(图)

## 活动 8　我说你写

### 活动目的

听词语、句子,快速辨别声母,并能准确书写。

### 活动准备

准备一些词语、句子。

> 你好  谢谢  再见  对不起  老师  学生  中国
> 很高兴认识你!
> 你是哪国人?
> 我叫××,你叫什么名字?

◎ **活动步骤**

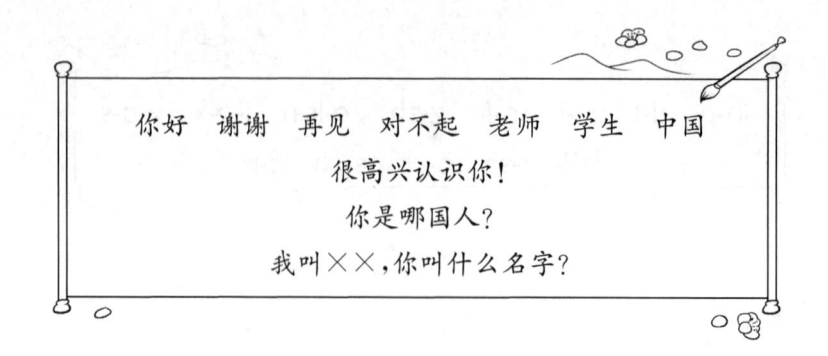

1. 教师朗读准备好的词语或句子。
2. 学生快速写出这些词语或句子中包含的声母。

◎ **活动说明**

1. 从词语到句子,由易到难渐进练习。
2. 练习的词语和句子最好是已经接触过的常用语,顺便帮助学生练习口语。

◎ **练　习**

把听到的声母写下来。

## 活动 9　听音改读

◎ **活动目的**

帮助学生区分音近声母。

◎ **活动准备**

制作需要练习的声母组卡片。

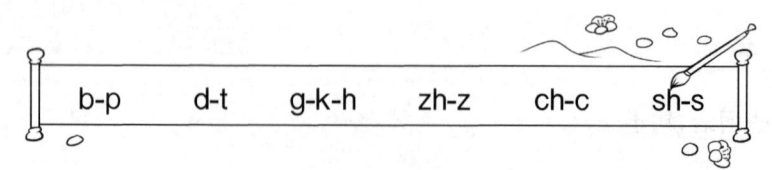

> b-p    d-t    g-k-h    zh-z    ch-c    sh-s

◎ **活动步骤**

1. 教师示范,举起一组卡片,如 b-p,教师读 ba,学生迅速改读 pa。

2. 学生两人一组,上台练习。一人读卡片上的声母,另一人改读成另一声母。
3. 记录发音不准确的声母,反复练习。

### 活动说明

此活动同样适用于声调辨析,改读声调。

### 练　习

听老师读,写出声母。

| | | | | | | | |
|---|---|---|---|---|---|---|---|
| z-zh | 在职 | 杂志 | 栽种 | 增长 | 自重 | 总之 | 宗旨 |
| zh-z | 张嘴 | 种族 | 长子 | 帐子 | 沼泽 | 振作 | 渣子 |
| c-ch | 财产 | 操场 | 菜场 | 采茶 | 餐车 | 猜出 | 彩绸 |
| ch-c | 车次 | 场次 | 吃草 | 纯粹 | 差错 | 陈词 | 参差 |
| s-sh | 三十 | 桑树 | 丧生 | 私塾 | 四十 | 四声 | 扫视 |
| sh-s | 哨所 | 山色 | 深思 | 申诉 | 神速 | 上诉 | 深邃 |

## 第二节　韵母训练

韵母是汉语字音中除声母、声调以外的部分,共有39个。

按结构可以分为单韵母、复韵母、鼻韵母;按开头元音发音口形可分为开口呼、齐齿呼、合口呼、撮口呼,简称"四呼"。

开口呼:韵母 a、o、e、ê、er、i(前)、i(后)和以 a、o、e 开头的韵母。

齐齿呼:韵母 i 或以 i 开头的韵母,如 iou、iao、ie、ia。

合口呼:韵母 u 或以 u 开头的韵母,如 ua、uo、uai、uei。

撮口呼:韵母 ü 或以 ü 开头的韵母,如 üe、ün、üan。

由一个元音构成的韵母叫单韵母,又叫单元音韵母。普通话中单元音韵母共有10个:a、o、e、ê、i、u、ü、-i(前)、-i(后)、er。

由两个或三个元音结合而成的韵母叫复韵母。复韵母共有13个:ai、ei、ao、ou、ia、ie、ua、uo、üe、iao、iou、uai、uei。

由一个或两个元音后面带上鼻辅音构成的韵母叫鼻韵母。鼻韵母共有16个:an、ian、uan、üan、en、in、uen、ün、ang、iang、uang、eng、ing、ueng、ong、iong。

## 活动 10　抢读韵母

### 活动目的

快速认读韵母。

### 活动准备

准备好韵母卡片或韵母 PPT 展示页。

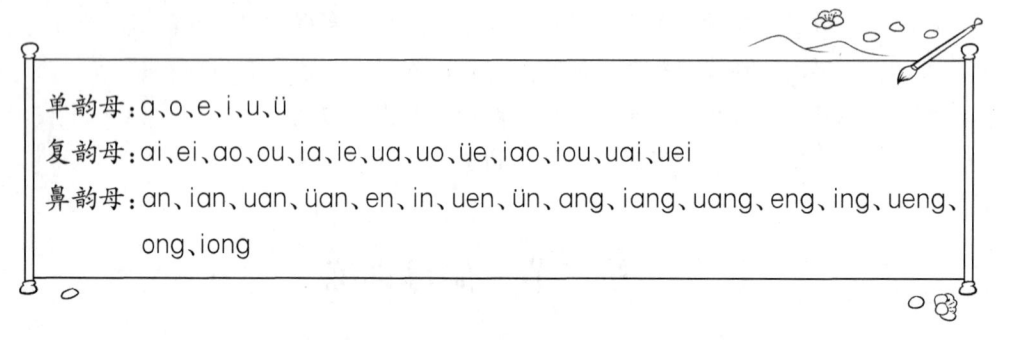

单韵母：a、o、e、i、u、ü
复韵母：ai、ei、ao、ou、ia、ie、ua、uo、üe、iao、iou、uai、uei
鼻韵母：an、ian、uan、üan、en、in、uen、ün、ang、iang、uang、eng、ing、ueng、ong、iong

### 活动步骤

1. 将全班学生分为若干组。
2. 教师逐一出示韵母卡片或用 PPT 展示韵母，学生举手抢答。
3. 最先举手的学生大声读出看到的韵母。
4. 给读对的组每个记十分，读错的组扣十分，分数多者获胜。
5. 读错的学生大声朗读该韵母三遍。

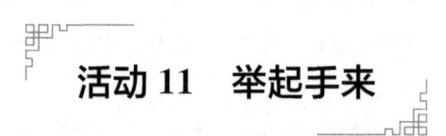

## 活动 11　举起手来

### 活动目的

训练学生听辨韵母的敏感度。

### 活动准备

准备好需要练习的韵母卡片，每张卡片对应一个韵母。

### 活动步骤

1. 教师将字母卡片交给学生,保证每个学生都持有卡片。
2. 教师大声朗读卡片上的韵母。
3. 学生迅速判断,如果自己手上的韵母卡是教师所读,则举起手中的卡片,并大声朗读。

### 活动说明

应保证所有需要练习的韵母都制成了卡片,每个学生都拥有一两张。此活动重点关注练习易混韵母。

易混韵母如下:

u-ü、an-ang、en-eng、in-ing、ie-ei、ui-iu、ong-iong、ou-ua

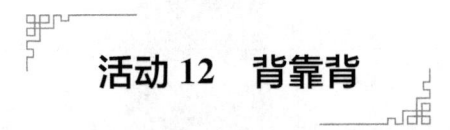

## 活动 12  背靠背

### 活动目的

帮助学生区分撮口呼韵母 ü、üe、ün、üan,合口呼韵母 u、uei、uan、uen、ueng。

### 活动准备

教师将以上韵母制成卡片,一式两份。

### 活动步骤

1. 学生两人一组,分为 A 和 B,背靠背站好。
2. 发给每人一套卡片。
3. 学生 A 随机拿出一张卡片,大声读出卡片上的语音,并举起卡片。
4. 学生 B 听到 A 的朗读后,在自己的卡片中找出相应的卡片,举起卡片并跟读。
5. 其他学生检验这组学生举起的卡片是否一致,两人读得是否正确。

### 练  习

请读一读。

撮口呼韵母   ü   üe   ün   üan
合口呼韵母   u   uei   uan   uen   ueng

## 活动 13　猜口型

### 活动目的

通过对口型的判断准确掌握单韵母的发音。

### 活动准备

教师准备好单韵母舌位图(见图1-1)。

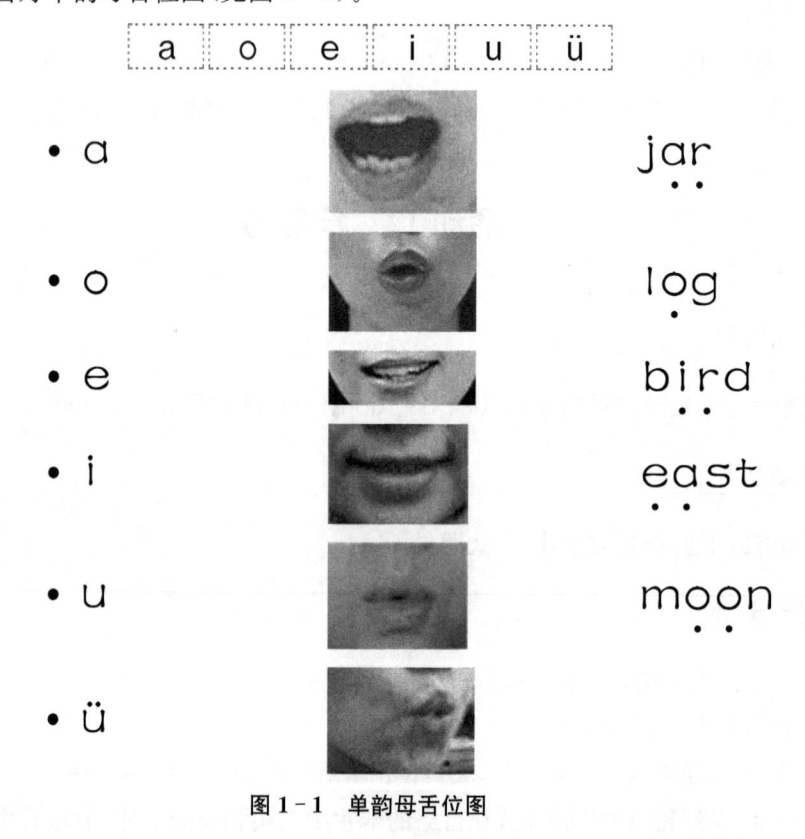

| a | o | e | i | u | ü |

- a　　jar
- o　　log
- e　　bird
- i　　east
- u　　moon
- ü

图1-1　单韵母舌位图

### 活动步骤

1. 学习单韵母的发音和舌位图。
2. 教师做口型,不发出声音,让学生认真看口型,猜出韵母。
3. 找学生上台,教师出示字母卡片,该生做出口型,其他学生猜。

## 活动 14　我是谁

### 活动目的

训练学生辨别 u、ü 与其他声母拼合的能力。

### 活动准备

教师准备好拼音卡片。

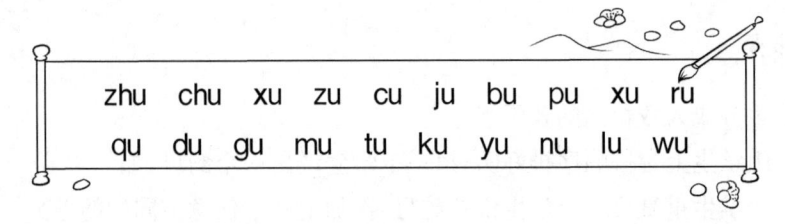

zhu chu xu zu cu ju bu pu xu ru
qu du gu mu tu ku yu nu lu wu

### 活动步骤

1. 教师举起一张卡片并说"我是 u",如果学生认为卡片上的韵母是 u,则大声朗读该音节;如果是 ü,则保持沉默。

2. 教师举起一张卡片并说"我是 ü",如果学生认为卡片上的韵母是 ü,则大声朗读该音节;如果是 u,则保持沉默。

总结规律:

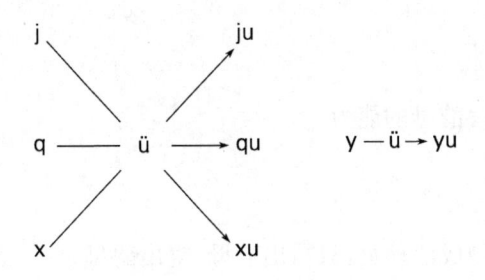

j　　　　 ju
 ↖　　　 ↗
q ── ü ──→ qu　　y — ü → yu
 ↙　　　 ↘
x　　　　 xu

### 练　习

圈出下面拼音中不是 u 的读音。

zhu chu xu zu cu ju bu pu ru qu
du gu mu tu ku yu nu lu wu

## 活动 15　韵母滚雪球

### 活动目的

训练学生记忆韵母的能力。

### 活动准备

学生学习并掌握了韵母的发音。

### 活动步骤

1. 把学生分成人数相同的若干组。
2. 第一组学生上台按顺序排好队,第一个学生说出一个韵母,如 i。
3. 第二个学生重复第一个学生说的韵母,再加上一个任意不同的韵母。
4. 第三个学生以此类推,说出的韵母数量不断增加。
5. 第一组完成后,第二组上台,做同样的活动。
6. 说错的学生被淘汰,说得多而准确的小组获胜。

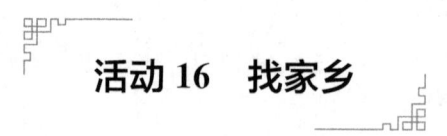

## 活动 16　找家乡

### 活动目的

训练学生辨别并书写韵母的能力。

### 活动准备

教师将学生的国籍制成活动页,只写出声母,空出韵母。

### 活动步骤

1. 把国名活动页发给学生,每人一份。
2. 教师读国名,学生一一填充韵母。
3. 学生从卡片中找出自己的国名,并且大声朗读。

### 练 习

根据声母补充国名。

Zh___g___  M___g___  F___g___  B___j___s___t___
R___b___  T___k___m___s___t___  D___g___  H___g___

答案：Zhongguo  Meiguo  Faguo  Bajisitan  Riben  Tukumansitan  Deguo  Hanguo

## 活动 17　这是我

### 活动目的

训练学生辨别并书写韵母的能力。

### 活动准备

教师将学生名字制成名字活动页，只写出声母，空出韵母。

### 活动步骤

1. 把名字活动页发给学生，每人一份。
2. 学生互相问名字并填写，互相确认。
3. 填写完后请学生按顺序依次读出自己的名字，大声说："×××，这是我。"

### 练 习

互相问答并写出对方名字的拼音。

## 第三节　声调训练

汉语是一种有声调的语言，声调是一个音节声音的高低升降。声调是汉语语音最突出的特点，具有区别语义的重要作用，因此掌握好声调至关重要。汉语拼音有四个调类，即"阴平、阳平、上声、去声"，也就是我们平常所说的第一、二、三、四声（见图 1-2）。声调的实际读法是调值，体现声调高低、升降、曲直的变化。

拼音四声调

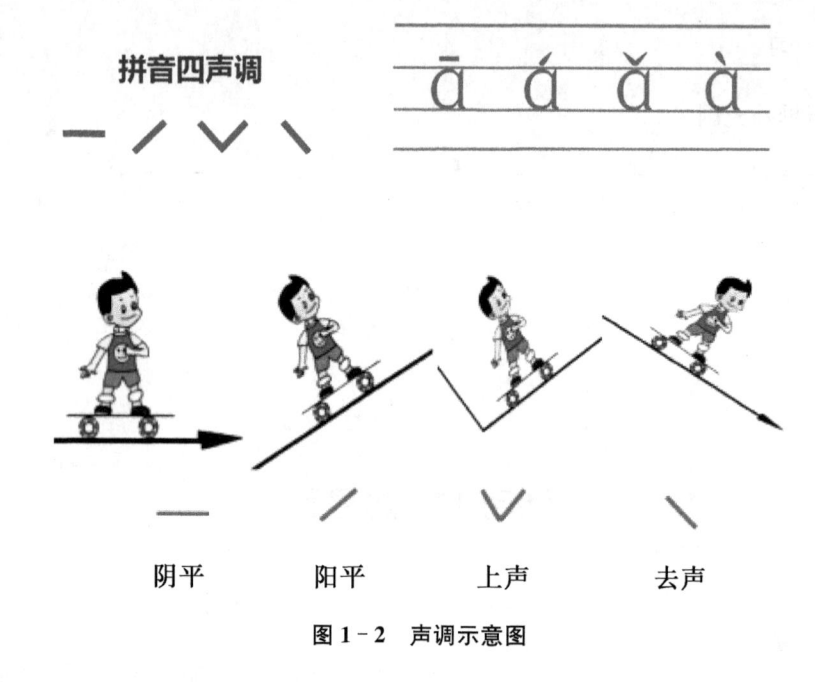

图 1-2 声调示意图
阴平　阳平　上声　去声

音节声音的高低升降主要取决于声带的振动频率,即声带的松紧。因此,我们应首先训练学生控制声带松紧的技能,而后进一步使学生体会调型,掌握调值,限定音长,控制好声带的松紧变化,从而准确地学会汉语的声调。声调训练方法主要如下:

1. 重复法。重复练习可以使学生听准,建立初步印象。
2. 对比法。对比练习可以使学生分清基本区别。
3. 交错法。一种有规律的交错,教师发音时,学生记录,或者教师、学生活动交错,让学生找出组合规律,以加深印象。
4. 掺杂法。一种不规则的四个声调掺杂形式,每发一音,让学生指出是平是升是曲是降,以检查听辨效果。

声调训练是留学生学习汉语语音的共同难点。本节我们通过设计有针对性的声调训练活动,帮助学生准确掌握汉语声调。

## 活动 18　数字密码

### 活动目的

帮助学生练习四个声调。

### 活动准备

准备好需要练习的词语,这些词语要求由不同声调组合而成,选择读音相近的词,以常用词为佳。如:

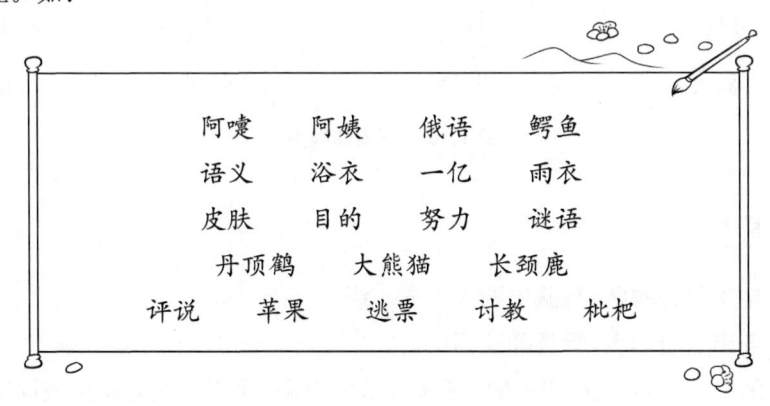

| 阿嚏 | 阿姨 | 俄语 | 鳄鱼 |
| 语义 | 浴衣 | 一亿 | 雨衣 |
| 皮肤 | 目的 | 努力 | 谜语 |
| 丹顶鹤 | 大熊猫 | 长颈鹿 | |
| 评说 | 苹果 | 逃票 | 讨教 | 枇杷 |

### 活动步骤

1. 教师告诉学生,1、2、3、4分别代表一声(阴平)、二声(阳平)、三声(上声)、四声(去声)。
2. 教师读词语,学生说出声调对应的数字。

### 活动说明

常用词可教授英文释义。

## 活动 19  声调体操

### 活动目的

通过听力练习与肢体语言的结合,帮助学生更好地把握声调的读法和写法。

### 活动准备

准备一些双音节词语卡片及声调体操图片(见图1-3),教师可根据体操图现场教学。双手平伸为一声;双手打开,左臂斜上方举起,右臂斜下方伸出为二声;双手打开,斜上举为三声;双手打开,右臂斜上方举起,左臂斜下方伸出为四声。

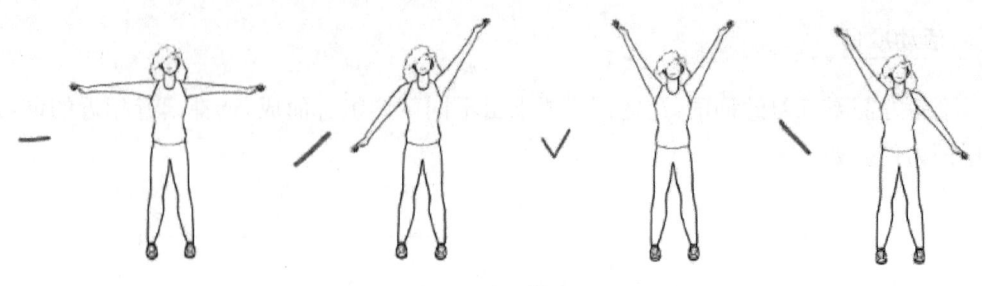

图 1-3　声调体操图

### 🌀 活动步骤

1. 全班学生分为两队,每队中两人组成一组。
2. 两队各出一组学生,听教师读词语。
3. 每组的两名学生迅速判断教师所读音节的声调,并相互配合做出该词声调相对应的手势。
4. 教师和全班其他同学一起检查两组同学的手势,做对的小组继续留下听教师朗读下一音节,做错的小组回归本队,由本队另一组替换后继续。
5. 当其中一队的全部学生都参加过活动而无替换人员时,活动结束,仍有学生没有上前做过动作的队伍获胜。

### 🌀 活动说明

也可让一个学生做动作,另一个学生读出完整的发音。或者教师朗读,几个学生同时做动作,比一比谁又快又好。

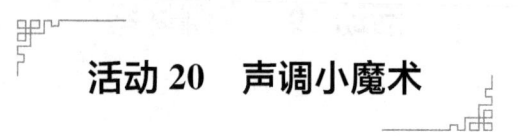

## 活动 20　声调小魔术

### 🌀 活动目的

帮助学生更好地把握声调(一、二、四声)的读法。

### 🌀 活动准备

用吹塑纸剪好声调,背后贴上磁铁;准备单韵母卡片。

### 🌀 活动步骤

1. 把单韵母卡片贴在黑板上。

2. 移动贴有磁铁的声调纸,停在哪个字母上,学生便读出哪个字母的声调。
3. 利用磁性变换声调的方向,调整为一、二、四声。

## 活动 21　拍手示意

### 活动目的

帮助学生熟悉轻声。

### 活动准备

教师准备好几组词语,每组词语中包含一个轻声。

### 活动步骤

老师读词语,如果听到轻声词,学生立刻拍手并且跟读。

### 练　　习

跟读并注音。

| 迟到 | 这么 | 制造 | 执照 |
| 桌子 | 电视 | 作业 | 天气 |
| 石头 | 去年 | 冬天 | 大家 |
| 中国 | 我们 | 睡觉 | 水饺 |

## 活动 22　声调归类

### 活动目的

帮助学生正确区分声调。

### 活动准备

教师准备好一些学过的字、词、句,准备若干份声调归类表(见表 1-2)。

### 活动步骤

1. 将学生四至五人分为一组,每组发一份声调归类表。

2. 教师用 PPT 出示字、词、句，学生听教师读，快速将拼音声调归入表格。

表 1-2　声调归类表

| 阴平 | 阳平 | 上声 | 去声 | 轻声 |
|---|---|---|---|---|
| ー | ／ | ∨ | ＼ |  |
|  |  |  |  |  |

## 第四节　音节训练

音节是语音的基本单位，更是表达意义的语音单位，是作为语言最小音义结合体的语素的载体单位。汉语的音节是由声母和韵母相拼组成的语音单位，单个韵母也可自成音节。汉语中，构成一个完整的读音，音节和声调二者缺一不可；音节没有声调，不是读音；轻声不标调，对应着具体的汉字，和音节并不完全一样。

### 活动 23　大胆试读

**活动目的**

快速了解学生的语音拼读能力，帮助学生了解汉语拼音读法并发现发音的难点、弱点，增强学生语音学习的信心。

**活动准备**

复印音节自测表（见表 1-3），学生每人一份。

**活动步骤**

1. 教师出示声母表（见表 1-4）、韵母表（见表 1-5），学生大胆试读，找出错误。教师示范正确读音。

2. 教师用PPT出示音节自测表,学生按顺序根据自己的经验试读音节。可齐读,可点名读。

3. 学生一边读,教师一边做出评价,示范正确读音并记录。全读对的画"√",大部分读对的画"∕",大部分读错的画"✕"。

4. 学生根据教师的正确示范读音,在自己的活动页上做记录,对的画"√",错的画"✕"。

### 活动说明

对于初次接触汉语拼音的学生,教师应鼓励学生大胆试读,重点关注读音不规范或错误,可用手势、黑板或PPT标示舌位,指导他们模仿正确发音。

表1–3 音节自测表(好"√" 一般"∕" 错"✕")

| 1 | ba | 11 | lia | 21 | kua |
|---|---|---|---|---|---|
| 2 | po | 12 | biao | 22 | shuo |
| 3 | bai | 13 | liu | 23 | zhuan |
| 4 | fei | 14 | hua | 24 | chi |
| 5 | sao | 15 | die | 25 | yun |
| 6 | tou | 16 | jin | 26 | sui |
| 7 | man | 17 | liang | 27 | qun |
| 8 | ren | 18 | ting | 28 | xuan |
| 9 | lang | 19 | guang | 29 | jue |
| 10 | meng | 20 | cu | 30 | dian |

注:以上音节自测表参考周健主编的《汉语课堂教学技巧与游戏》,此表30个音节基本上涵盖了全部声韵母组合。

表1–4 声母表

| b | p | m | f | d | t | n | l |
|---|---|---|---|---|---|---|---|
| g | k | h | j | q | x | | |
| zh | ch | sh | r | z | c | s | |

表1–5 韵母表

| a | o | e | i | u | ü | | | | |
|---|---|---|---|---|---|---|---|---|---|
| ai | ei | ui | ao | ou | iu | ie | üe | er | |
| an | en | in | un | ün | | | | | |
| ang | eng | ing | ong | | | | | | |

## 活动 24　连连看

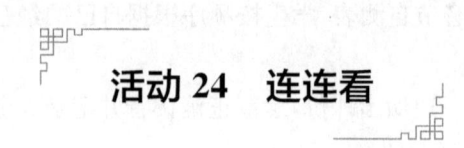

### 活动目的

利用音译词,帮助学生快速掌握汉语音节的拼读,体会英汉发音的差异。

### 活动准备

制作并打印练习活动页,一行图片,一行拼音。教师可网上下载图片自行制作。可选词语如下:

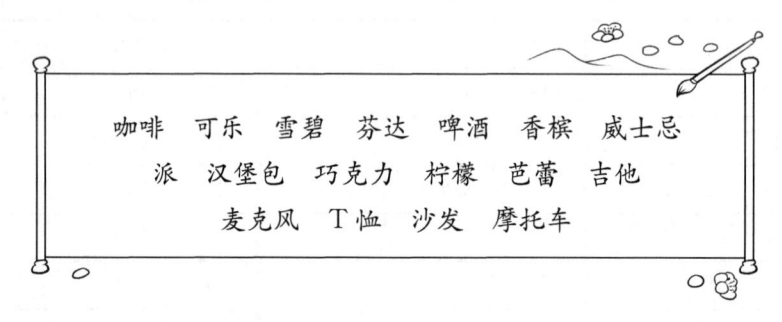

> 咖啡　可乐　雪碧　芬达　啤酒　香槟　威士忌
> 派　汉堡包　巧克力　柠檬　芭蕾　吉他
> 麦克风　T恤　沙发　摩托车

### 活动步骤

1. 学生快速将练习页上对应的图片与音节相连。
2. 读一读这些词语的汉语拼音。
3. 教师点评,并示范正确读法。

### 练　习

读一读。

| 麦克风　màikèfēng | 可乐　kělè |
| 芭蕾　bālěi | 啤酒　píjiǔ |
| 吉他　jítā | 威士忌　wēishìjì |
| 沙发　shāfā | 香槟　xiāngbīn |
| T恤　T xù | 芬达　fēndá |
| 摩托车　mótuōchē | 派　pài |
| 柠檬　níngméng | 汉堡包　hànbǎobāo |
| 咖啡　kāfēi | 巧克力　qiǎokèlì |

## 活动 25　猜商标

**活动目的**

帮助学生熟悉汉语音节的拼读。

**活动准备**

搜集商标名，制作商标活动页。一行商标图片，一行商标名。可选商标名如下：

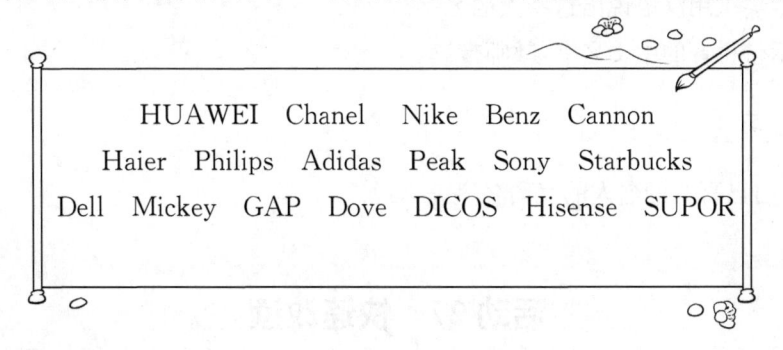

> HUAWEI　Chanel　Nike　Benz　Cannon
> Haier　Philips　Adidas　Peak　Sony　Starbucks
> Dell　Mickey　GAP　Dove　DICOS　Hisense　SUPOR

**活动步骤**

1. 教师出示商标活动页，随机读，让学生猜一猜是哪个。
2. 学生尝试自己用汉语读一读这些商标名。
3. 学生用拼音写下出现的商标名。

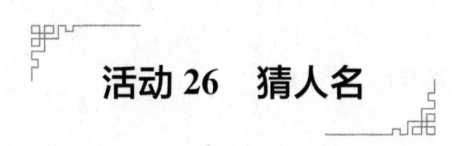

## 活动 26　猜人名

**活动目的**

帮助学生学习并熟悉汉语音节的拼读。

**活动准备**

准备一些学生熟悉的名人照片和英文名字。可选人名如下：

贝克汉姆　奥巴马　拜登　梅西
成龙　苏菲·玛索　莎士比亚　马克·吐温
巴尔扎克　柏拉图　毕加索　曼德拉

### 活动步骤

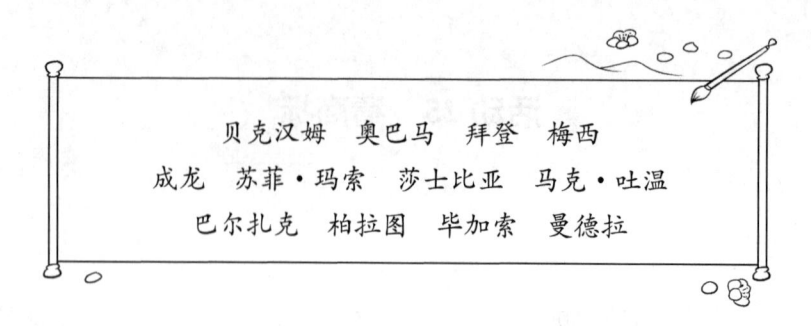

1. 教师用 PPT 出示名人照片，让学生猜一猜用汉语怎么说。
2. 学生尝试用汉语说出这些人的名字。
3. 出示带拼音的中文名字，教师带读。

### 练　习

查一查自己喜欢的名人的汉语名字怎么说。

## 活动 27　快速改读

### 活动目的

帮助学生区分 b-p、g-k、z-zh、c-ch、s-sh，以及声调。

### 活动准备

准备好以上字母和声调卡片。

### 活动步骤

1. 教师一边读 ba，一边举起字母 p，学生马上读 pa。
2. 以此类推。

### 练　习

请读一读。

bà-pà　dà-tà　gǔ-kǔ　cū-chū　sì-shì
zāng-zhāng　qù-jù-xù　tián-tiǎn　qíng-qǐng
guō-guò　tā-tà　fán-fǎn

## 活动 28　找对错

**活动目的**

利用改错分析总结学生易写错的音节,训练学生正确掌握汉语拼音的规则。

**活动准备**

准备音节活动页(见表 1-6),学生每人一份。

**活动步骤**

1. 听教师读,学生在正确的音节后面画"√"。
2. 学生把正确的音节大声朗读一遍。

**练　习**

复习活动页中音节的拼写(提示学生汉语中一些不存在的错误音节)。

表 1-6　音节活动页

| 1 | shiǎo　xiǎo | 6 | sìong　song |
| --- | --- | --- | --- |
| 2 | jiào　giào | 7 | liú　lióu |
| 3 | jìn　jièn | 8 | jué　jǔe |
| 4 | luèn　lùn | 9 | wén　uén |
| 5 | pò　pùo | 10 | fāng'àn　fāngàn |

## 活动 29　拼音扑克牌

**活动目的**

复习拼音。

**活动准备**

给每个学生准备一套拼音卡片,包括所有声母、韵母。

### 活动步骤

1. 学生每人领取一套拼音卡片，两人一组。
2. 学生 A 出示一张字母卡片，学生 B 出示一张可以与之拼读的卡片，并大声读出来。
3. 如果 B 读对了，那么赢得对方的卡片，并随机出下一张。如果 B 错了，那么卡片归 A，A 继续出牌。
4. 以此类推。
5. 最后，谁手中的牌最多，谁就赢了。

## 活动 30　声韵调匹配

### 活动目的

培养学生对声母、韵母的组合能力，以及对声调的辨别能力。

### 活动准备

1. 教师选择需要练习的音节，将它们写在一张纸上。
2. 将这些音节的声母、韵母及四个声调做成卡片，每张卡片上仅一个声母、韵母或声调。

### 活动步骤

1. 将学生分为若干组，轮流进行比赛。
2. 每组派出一个代表，教师将写有拼音音节的纸交给他，让他朗读纸上的音节。
3. 组内其他学生共同持有一套打乱顺序的声母、韵母和声调卡片，根据本组代表所读音节迅速找出对应的声母、韵母和声调。
4. 其他组和教师可评价他们的发音和拼写组合是否正确。
5. 教师计时，比一比哪组在三分钟内准确拼出的音节最多。

## 活动 31　拼音转盘

### 活动目的

帮助学生掌握声韵拼读。

### 活动准备

制作拼音转盘(见图1-4)。

### 活动步骤

1. 将转盘剪下,圆形从小到大罗列,用羊角钉固定。
2. 学生两人一组,一个转出音节并大声朗读,一个把转出来的音节写在本子上。
3. 两组同时进行,看看相同的时间内,哪组拼合的正确音节最多。

图1-4 拼音转盘

### 活动说明

有时候学生会因为未掌握拼合规则而转出不能拼合的音节如"qao",提示学生汉语中不存在这种音节。

## 活动 32　找朋友

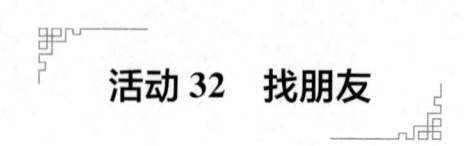

### 活动目的

培养学生对声、韵、调的听辨、记忆及组合能力。

### 活动准备

准备一些相近的音节，将这些音节拆分为声母、韵母及声调三组卡片。卡片的数量为学生人数总和。

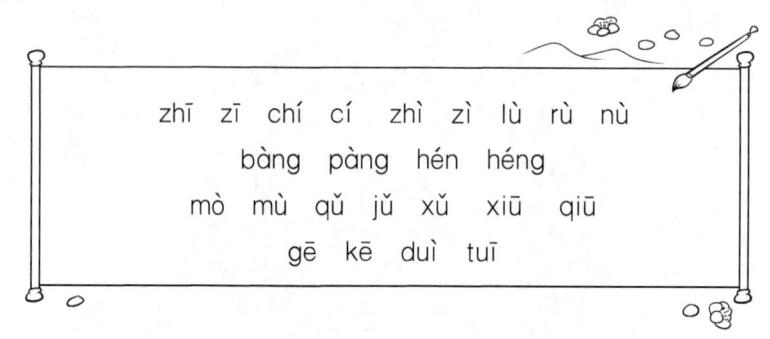

```
zhī   zī   chí   cí   zhì   zì   lù   rù   nù
      bàng   pàng   hén   héng
mò   mù   qǔ   jǔ   xǔ   xiū   qiū
            gē   kē   duì   tuī
```

### 活动步骤

1. 将学生分为声母、韵母、声调三组，把相应的卡片发给学生。
2. 学生按声母、韵母、声调三组站成三排。
3. 教师朗读一个音节，朗读完毕后，教师说"开始"，带有朗读音节中对应的声母、韵母、声调卡片的学生要快速找到自己的朋友并组合到一起，站到教室前面。
4. 全班评价正误后，学生归队。
5. 下一轮再开始。

## 活动 33　拼音填表

### 活动目的

训练学生准确辨别声、韵、调的能力。

### 活动准备

复印音节练习表（见表 1-7），每人一份。

## 活动步骤

1. 教师随机念出以下音节,学生在表1-7中根据声韵配合找到正确位置并标上调号。

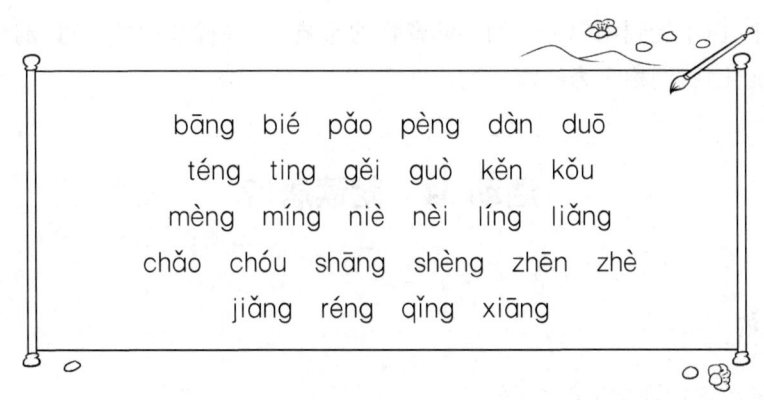

> bāng  bié  pǎo  pèng  dàn  duō
> téng  tīng  gěi  guò  kěn  kǒu
> mèng  míng  niè  nèi  líng  liǎng
> chǎo  chóu  shāng  shèng  zhēn  zhè
> jiǎng  réng  qǐng  xiāng

2. 用PPT核对答案,如果拼读错误,全班大声朗读。

## 活动说明

教师读音节时可以读两至三遍。

表1-7 音节练习表(听音节,填声调)

|    | an | ao | ang | en | eng | ie | ei | ou | uo | in | ing | iang |
|----|----|----|-----|----|-----|----|----|----|----|----|-----|------|
| b  |    |    |     |    |     |    |    |    |    |    |     |      |
| p  |    |    |     |    |     |    |    |    |    |    |     |      |
| d  |    |    |     |    |     |    |    |    |    |    |     |      |
| t  |    |    |     |    |     |    |    |    |    |    |     |      |
| m  |    |    |     |    |     |    |    |    |    |    |     |      |
| n  |    |    |     |    |     |    |    |    |    |    |     |      |
| l  |    |    |     |    |     |    |    |    |    |    |     |      |
| zh |    |    |     |    |     |    |    |    |    |    |     |      |
| ch |    |    |     |    |     |    |    |    |    |    |     |      |
| sh |    |    |     |    |     |    |    |    |    |    |     |      |
| r  |    |    |     |    |     |    |    |    |    |    |     |      |
| j  |    |    |     |    |     |    |    |    |    |    |     |      |
| q  |    |    |     |    |     |    |    |    |    |    |     |      |
| x  |    |    |     |    |     |    |    |    |    |    |     |      |

## 第五节　语流音变训练

在语流中,由于受到相邻音节的相邻音素的影响,一些音节中的声母、韵母或声调会发生语音的变化,我们称之为语流音变。

### 活动 34　朗读唐诗

**活动目的**

利用诗歌韵律加强学生的语感。

**活动准备**

准备好朗读的诗歌。

1. [宋]邵雍《山村咏怀》
一去二三里,烟村四五家。亭台六七座,八九十枝花。
2. [唐]李白《静夜思》
床前明月光,疑是地上霜。举头望明月,低头思故乡。
3. [唐]王之涣《登鹳雀楼》
白日依山尽,黄河入海流。欲穷千里目,更上一层楼。
4. [唐]贾岛《寻隐者不遇》
松下问童子,言师采药去。只在此山中,云深不知处。
5. [唐]王维《画》
远看山有色,近听水无声。春去花还在,人来鸟不惊。
6. [唐]柳宗元《江雪》
千山鸟飞绝,万径人踪灭。孤舟蓑笠翁,独钓寒江雪。
7. [唐]孟浩然《春晓》
春眠不觉晓,处处闻啼鸟。夜来风雨声,花落知多少。
8. [唐]白居易《草》
离离原上草,一岁一枯荣。野火烧不尽,春风吹又生。

## 活动步骤

1. 教师用 PPT 逐字出示带有拼音的诗歌。
2. 学生自行朗读。
3. 学生举手大声朗读,看看谁读得又快又好。

## 活动 35　绕口令

## 活动目的

练习发准易混淆字的字音,体验绕口令的乐趣,锻炼学生的口语表达能力。

## 活动准备

准备好绕口令。可选如下:

1. b/p:吃葡萄不吐葡萄皮。
2. b/p:八百标兵奔北坡,炮兵并排北边跑。炮兵怕把标兵碰,标兵怕碰炮兵炮。
3. h/f:红凤凰,黄凤凰,粉红墙上画凤凰。
4. ian/an:扁担长,板凳宽,扁担没有板凳长,板凳没有扁担宽。
5. gong/dong:楼上住着个老公公,楼下住着个乖东东。
6. s/sh:四是四,十是十,四十是四十,十四是十四。不要把十四说成四十,也不要把四十说成十四。
7. en/eng:老彭拿着一个盆,路过老陈住的棚。盆碰棚,棚碰盆,棚倒盆碎棚压盆。
8. q/j:七加一七减一,加完减完还是七。
9. jing/qing:一个老僧一本经,一句一行念得清。不是老僧爱念经,不会念经当不了僧。

## 活动步骤

1. 教师读绕口令,学生跟读。
2. 学生根据兴趣选择一首绕口令。

3. 分组比赛。
4. 互相评分。

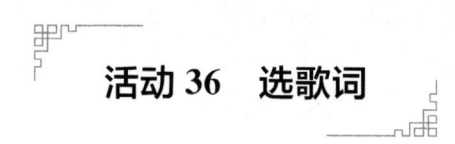

## 活动36　选歌词

### 活动目的

通过听中文歌曲提高学生对生词和句子的辨识能力。

### 活动准备

1. 准备中文歌曲录音及歌词。

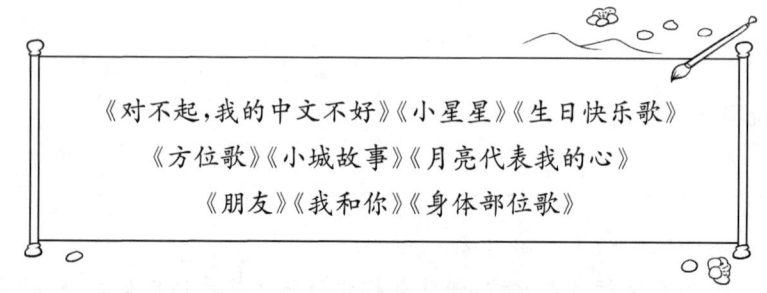

《对不起，我的中文不好》《小星星》《生日快乐歌》
《方位歌》《小城故事》《月亮代表我的心》
《朋友》《我和你》《身体部位歌》

2. 选取其中一部分歌词编写多项选择题，包括一些语音相近的选项，如两只老虎，两只（　　）A. laohu　B. laogu　C. laowu；跑得快，（　　）得快　A. pao　B. bao　C. biao。将歌词全文制作歌词选题页。
3. 按全班学生人数复制歌词选题页。

### 活动步骤

1. 将歌词选题页发给学生，每人一页。
2. 教师播放歌曲，学生在对应的多项选择中把听到的歌词选出来。
3. 播放完毕后，教师让学生根据自己的选择朗读完整的歌词。
4. 教师展示完整、整齐的歌词，学生核对自己的选择是否正确。

# 第二章 汉字学习活动

文字是记录语言的书写符号系统,是最重要的辅助性交际工具。汉字是迄今为止世界上最为古老的文字之一,承载着灿烂悠久的中华文明。

作为记录汉语的符号系统,汉字是汉语学习中不可分割的一部分,也是汉语中最具有鲜明特色的部分。汉字是同时使用音符、义符和记号的文字(裘锡圭,1985)。汉字不同于表音文字,对于汉语学习者,尤其是非汉字文化圈零起点水平的留学生来说,汉字"难认、难记、难写",是汉语学习中最大的难点。

学习语言的终极目标是沟通交流,汉字在其中扮演了重要的角色。如何通过开展汉字学习活动帮助留学生消除汉字学习难的心理,进而培养他们对汉字学习的兴趣,提高汉字学习能力是我们追求的目标。施政宇(1999)提出,汉字能力是指使用汉字进行记录、表达和交际的能力,包括写、念、认、读、说五个要素。

本章汉字学习活动以培养和提高留学生汉字能力为主要目标,根据汉字的特点,从笔画部件教学入手,从独体字到合体字,从字音、字形分析到字义理解,再到同音字、形近字的辨析,选用《国际汉语教学通用课程大纲》一到三级汉字,综合前人的经验,运用剪字、贴字、拼字、找字、涂色、拆字等游戏方式,整理设计了一系列汉字学习课堂活动,并辅以大量相关的练习加以巩固,帮助学生运用数笔画法、临摹法、填空法、辨析法、系联法、以旧带新法、归类法等多种方式学习汉字。

## 第一节　笔画部件

笔画通常是指组成汉字且不间断的各种形状的点和线,如横(一)、竖(丨)、撇(丿)、点(、)、捺(㇏)等,它是构成汉字字形的最小连笔单位(见图2-1)。对于习惯了拼音文字

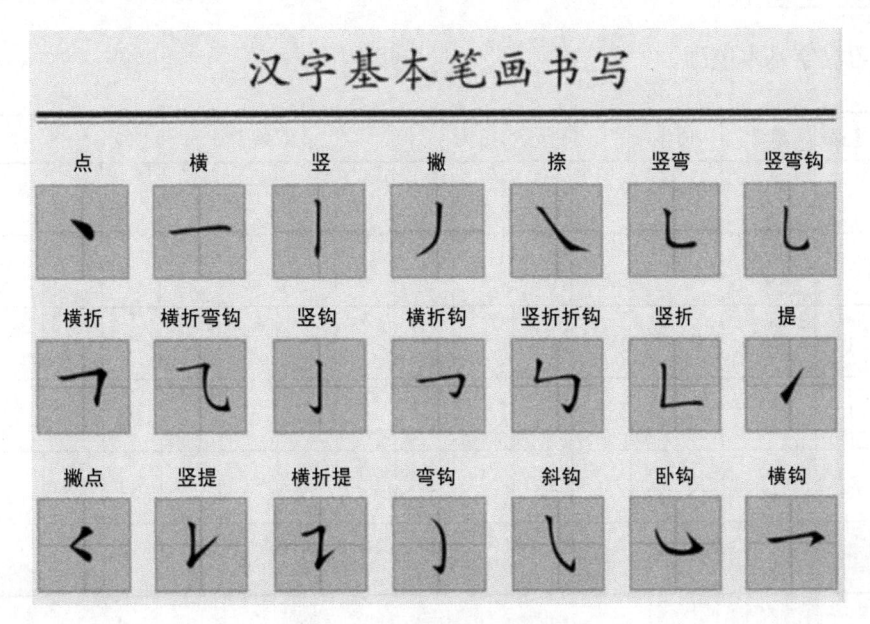

图2-1　汉字基本笔画书写

初次接触方块字的留学生来说,笔画的书写、汉字部件构成的学习极为重要,可以帮助学生培养正确的书写习惯。在笔画和部件的学习中,复合笔画、非成字部件和笔顺的书写是难点,需要多加练习。

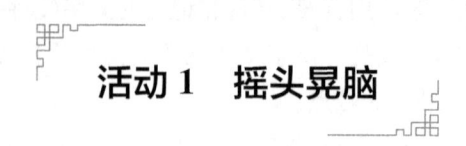

## 活动1 摇头晃脑

### 活动目的

掌握汉字基本笔画的书写。

### 活动准备

毛笔、宣纸、磁扣。

### 活动步骤

1. 将宣纸贴在黑板上,教师用毛笔书写汉字笔画并一一展示。
2. 学生跟随教师的用笔方向,用手在空中书写笔画,同时大声读出笔画名称。
3. 有兴趣的同学尝试上台用毛笔书写。
4. 台下同学一边大声朗读笔画名称,一边扭动头部,进行笔画书写,加强对笔画书写顺序的记忆(也可设计武术动作进行比画)。

### 练 习

练习汉字基本笔画。

| 序号 | 笔画 | 名称 | 例字 | 书写练习 |||||||||
|---|---|---|---|---|---|---|---|---|---|---|---|
| 1 | 、 | diǎn 点 | 下 头 | | | | | | | | |
| 2 | 一 | héng 横 | 土 日 | | | | | | | | |
| 3 | 丨 | shù 竖 | 中 门 | | | | | | | | |
| 4 | 丿 | piě 撇 | 人 禾 | | | | | | | | |
| 5 | 丶 | nà 捺 | 入 木 | | | | | | | | |
| 6 | ノ | tí 提 | 北 打 | | | | | | | | |

## 活动2　笔画传递

### 活动目的

通过写笔画游戏帮助学生熟练掌握汉字的复合笔画。

### 活动准备

将需要练习的复合笔画做成小卡片(见图2-2)。

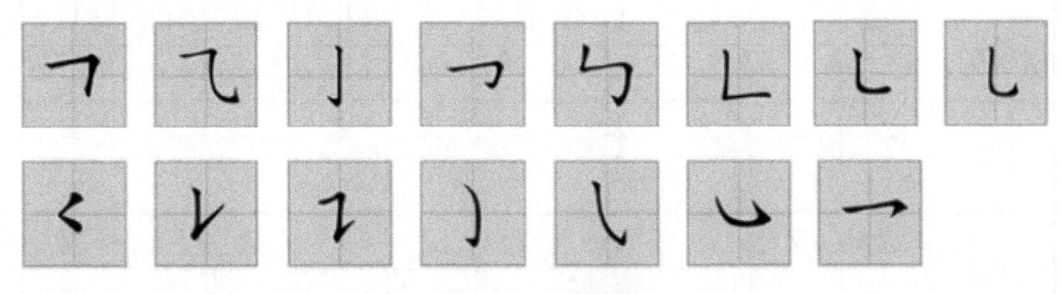

图2-2　复合笔画

### 活动步骤

1. 活动热身：两个学生一组，尝试互相在后背书写笔画并辨认。
2. 活动开始：四至六个学生一组，分别站成一排。教师将笔画卡片对折一下，隐藏内容，发给各组站在队尾的同学。各组学生拿到的卡片内容相同。
3. 教师说"开始"，拿到卡片的学生打开卡片看清楚笔画，然后用手指在他前一个同学的后背上写出该笔画。
4. 学生一个接一个地在前一个学生的背上写笔画，直至写到各组站在第一位的那个学生。
5. 站在第一位的学生在黑板上写出笔画，最先写出正确笔画的组获胜。

### 活动说明

第一个学生打开卡片时不要让其他组员看到卡片上的笔画。

### 练　习

在下面的空格内书写笔画。

| | | | | | | | | | | |
|---|---|---|---|---|---|---|---|---|---|---|
| 竖弯 | ㄴ | ㄴ | ㄴ | ㄴ | ㄴ | ㄴ | ㄴ | ㄴ | ㄴ | ㄴ |
| 横折弯 | ㄟ | ㄟ | ㄟ | ㄟ | ㄟ | ㄟ | ㄟ | ㄟ | ㄟ | ㄟ |
| 弯钩 | ) | ) | ) | ) | ) | ) | ) | ) | ) | ) |
| 横折 | ㄱ | ㄱ | ㄱ | ㄱ | ㄱ | ㄱ | ㄱ | ㄱ | ㄱ | ㄱ |
| 竖折 | ㄴ | ㄴ | ㄴ | ㄴ | ㄴ | ㄴ | ㄴ | ㄴ | ㄴ | ㄴ |
| 撇折 | ㄥ | ㄥ | ㄥ | ㄥ | ㄥ | ㄥ | ㄥ | ㄥ | ㄥ | ㄥ |
| 横撇 | フ | フ | フ | フ | フ | フ | フ | フ | フ | フ |
| 横折折撇 | 3 | 3 | 3 | 3 | 3 | 3 | 3 | 3 | 3 | 3 |
| 竖折撇 | ㄣ | ㄣ | ㄣ | ㄣ | ㄣ | ㄣ | ㄣ | ㄣ | ㄣ | ㄣ |

## 活动3　汉字归队

### 活动目的

帮助学生熟练掌握六笔以内汉字的笔画构成。

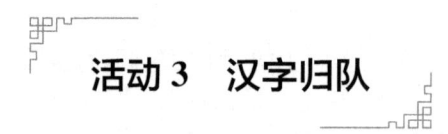

### 活动准备

整理笔画数易错的汉字，制成PPT，一页一字。

> 又 四 五 九 几 口 写 么 互
> 好 老 同 们 水 乡 北 册 仍
> 门 上 小 鸟 这 考 伞 巧 与 几 处 外

### 活动步骤

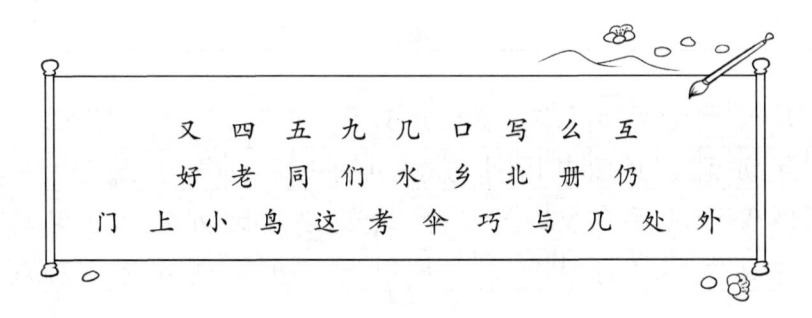

1. 将学生分为人数相同的几组。黑板上备注一到六的笔画数序号及各组名称。几组学生标注几组序号。

2. 教师出示 PPT,各组学生根据笔画数迅速把汉字写入相应的序号所属行。先写完且正确者得一分;后写完或写错者均不得分。

3. 以此类推,得分高的组获胜,输掉的组抄写全部汉字三遍。赢的组抄写归队出现错误的汉字。

### 活动说明

注意时间控制,有同学先写完即迅速翻下一张 PPT,换同组另一位同学上台继续。选取易数错笔画的汉字。

### 练 习

阅读下列汉字表(见表 2-1),找出自己学过的汉字并书写。

表 2-1 汉字表

| 一画 |
|---|
| 一 乙 |

| 二画 |
|---|
| 二 十 丁 厂 七 卜 人 入 八 九 几 儿 了 力 乃 刀 又 |

| 三画 |
|---|
| 三 于 干 亏 士 工 土 才 寸 下 大 丈 与 万 上 小 口 巾 山 千 乞 川 亿 个 勺 久 凡 及 夕 丸 么 广 亡 门 义 之 尸 弓 己 已 子 卫 也 女 飞 刃 习 叉 马 乡 |

续表

**四画**

| 丰 | 王 | 井 | 开 | 夫 | 天 | 无 | 元 | 专 | 云 | 扎 | 艺 | 木 | 五 | 支 | 厅 | 不 | 太 | 犬 | 区 | 历 | 尤 | 友 | 匹 | 车 | 巨 |
|---|---|---|---|---|---|---|---|---|---|---|---|---|---|---|---|---|---|---|---|---|---|---|---|---|---|
| 牙 | 屯 | 比 | 互 | 切 | 瓦 | 止 | 少 | 日 | 中 | 冈 | 贝 | 内 | 水 | 见 | 午 | 牛 | 手 | 毛 | 气 | 升 | 长 | 仁 | 什 | 片 | 仆 |
| 化 | 仇 | 币 | 仍 | 仅 | 斤 | 爪 | 反 | 介 | 父 | 从 | 今 | 凶 | 分 | 乏 | 公 | 仓 | 月 | 氏 | 勿 | 欠 | 风 | 丹 | 匀 | 乌 | 凤 |
| 勾 | 文 | 六 | 方 | 火 | 为 | 斗 | 忆 | 订 | 计 | 户 | 认 | 心 | 尺 | 引 | 丑 | 巴 | 孔 | 队 | 办 | 以 | 允 | 予 | 劝 | 双 | 书 |
| 幻 | | | | | | | | | | | | | | | | | | | | | | | | | |

**五画**

| 玉 | 刊 | 示 | 末 | 未 | 击 | 打 | 巧 | 正 | 扑 | 扒 | 功 | 扔 | 去 | 甘 | 世 | 古 | 节 | 本 | 术 | 可 | 丙 | 左 | 厉 | 右 | 石 |
|---|---|---|---|---|---|---|---|---|---|---|---|---|---|---|---|---|---|---|---|---|---|---|---|---|---|
| 布 | 龙 | 平 | 灭 | 轧 | 东 | 卡 | 北 | 占 | 业 | 旧 | 帅 | 归 | 且 | 旦 | 目 | 叶 | 甲 | 申 | 叮 | 电 | 号 | 田 | 由 | 史 | 只 |
| 央 | 兄 | 叼 | 叫 | 另 | 叨 | 叹 | 四 | 生 | 失 | 禾 | 丘 | 付 | 仗 | 代 | 仙 | 们 | 仪 | 白 | 仔 | 他 | 斥 | 瓜 | 乎 | 丛 | 令 |
| 用 | 甩 | 印 | 乐 | 句 | 匆 | 册 | 犯 | 外 | 处 | 冬 | 鸟 | 务 | 包 | 饥 | 主 | 市 | 立 | 闪 | 兰 | 半 | 汁 | 汇 | 头 | 汉 | 宁 |
| 穴 | 它 | 讨 | 写 | 让 | 礼 | 训 | 必 | 议 | 讯 | 记 | 永 | 司 | 尼 | 民 | 出 | 辽 | 奶 | 奴 | 加 | 召 | 皮 | 边 | 发 | 孕 | 圣 |

**六画**

| 式 | 刑 | 动 | 扛 | 寺 | 吉 | 扣 | 考 | 托 | 老 | 执 | 巩 | 圾 | 扩 | 扫 | 地 | 扬 | 场 | 耳 | 共 | 芒 | 亚 | 芝 | 朽 | 朴 | 机 |
|---|---|---|---|---|---|---|---|---|---|---|---|---|---|---|---|---|---|---|---|---|---|---|---|---|---|
| 权 | 过 | 臣 | 再 | 协 | 西 | 压 | 厌 | 在 | 有 | 百 | 存 | 而 | 页 | 匠 | 夸 | 夺 | 灰 | 达 | 列 | 死 | 成 | 夹 | 轨 | 邪 | 划 |
| 迈 | 毕 | 至 | 此 | 贞 | 师 | 尘 | 尖 | 劣 | 光 | 当 | 早 | 吐 | 吓 | 虫 | 曲 | 团 | 同 | 吊 | 吃 | 因 | 吸 | 吗 | 屿 | 帆 | 岁 |
| 回 | 岂 | 刚 | 则 | 肉 | 网 | 年 | 朱 | 先 | 丢 | 舌 | 竹 | 迁 | 乔 | 伟 | 传 | 乒 | 乓 | 休 | 伍 | 伏 | 优 | 伐 | 延 | 件 | 任 |
| 伤 | 价 | 份 | 华 | 仰 | 仿 | 伙 | 伪 | 自 | 血 | 向 | 似 | 后 | 行 | 舟 | 全 | 会 | 杀 | 合 | 兆 | 企 | 众 | 爷 | 伞 | 创 | 肌 |
| 朵 | 杂 | 危 | 旬 | 旨 | 负 | 各 | 名 | 多 | 争 | 色 | 壮 | 冲 | 冰 | 庄 | 庆 | 亦 | 刘 | 齐 | 交 | 次 | 衣 | 产 | 决 | 充 | 妄 |
| 闭 | 问 | 闯 | 羊 | 并 | 关 | 米 | 灯 | 州 | 汗 | 污 | 江 | 池 | 汤 | 忙 | 兴 | 宇 | 守 | 宅 | 字 | 安 | 讲 | 军 | 许 | 论 | 农 |
| 讽 | 设 | 访 | 录 | 那 | 迅 | 尽 | 导 | 异 | 孙 | 阵 | 阳 | 收 | 阶 | 阴 | 防 | 奸 | 如 | 妇 | 好 | 她 | 妈 | 戏 | 羽 | 观 | 欢 |
| 买 | 红 | 纤 | 级 | 约 | 纪 | 驰 | 巡 | | | | | | | | | | | | | | | | | | |

## 活动 4　笔顺竞猜

### 活动目的

帮助学生熟练掌握汉字笔顺的书写规则。

**笔顺规则与例字**

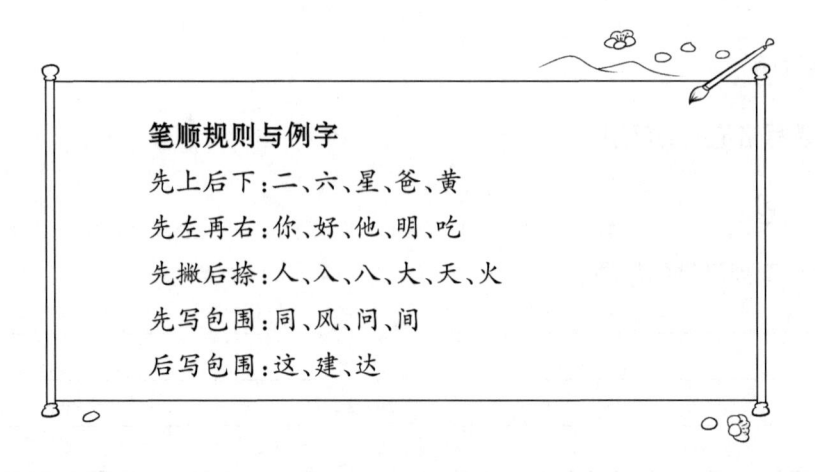

先上后下：二、六、星、爸、黄
先左再右：你、好、他、明、吃
先撇后捺：人、入、八、大、天、火
先写包围：同、风、问、间
后写包围：这、建、达

### 活动准备

整理汉字，做成PPT，一页一字。圈码为需要写出的笔画。如四①，即写出四的第一笔笔画。

参考可选汉字：

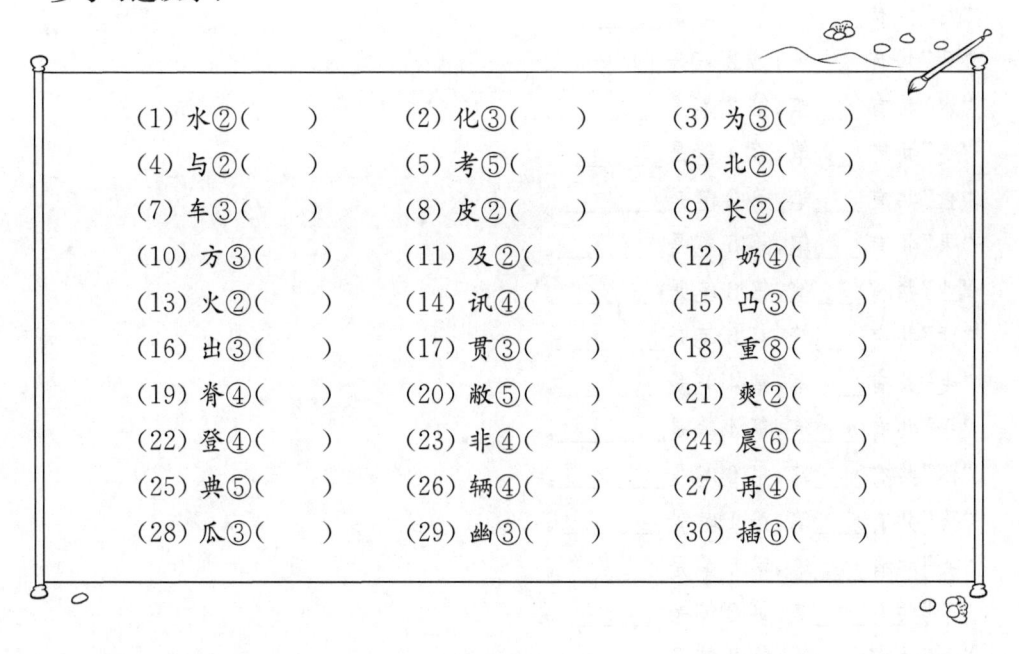

(1) 水②（    ）　　(2) 化③（    ）　　(3) 为③（    ）
(4) 与②（    ）　　(5) 考⑤（    ）　　(6) 北②（    ）
(7) 车③（    ）　　(8) 皮②（    ）　　(9) 长②（    ）
(10) 方③（    ）　　(11) 及②（    ）　　(12) 奶④（    ）
(13) 火②（    ）　　(14) 讯④（    ）　　(15) 凸③（    ）
(16) 出③（    ）　　(17) 贯③（    ）　　(18) 重⑧（    ）
(19) 脊④（    ）　　(20) 敝⑤（    ）　　(21) 爽②（    ）
(22) 登④（    ）　　(23) 非④（    ）　　(24) 晨⑥（    ）
(25) 典⑤（    ）　　(26) 辆④（    ）　　(27) 再④（    ）
(28) 瓜③（    ）　　(29) 幽③（    ）　　(30) 插⑥（    ）

### 活动步骤

1. 将学生分为两组。

2. 教师用PPT逐一出示汉字，指定笔顺的笔画，如水②，学生举手抢答笔画名称。先答对者得一分；答错扣一分，换下一组回答。

3. 得分高的组获胜，输掉的组抄写全部汉字三遍。赢的组抄写笔画名称出现错误的汉字。

## 活动说明

选取易写错笔顺的汉字。

## 练  习

1. 写出下列汉字的笔顺。

土＿＿＿＿＿＿＿＿＿＿＿＿＿＿＿＿＿  火＿＿＿＿＿＿＿＿＿＿＿＿＿＿＿＿＿

文＿＿＿＿＿＿＿＿＿＿＿＿＿＿＿＿＿  九＿＿＿＿＿＿＿＿＿＿＿＿＿＿＿＿＿

目＿＿＿＿＿＿＿＿＿＿＿＿＿＿＿＿＿  子＿＿＿＿＿＿＿＿＿＿＿＿＿＿＿＿＿

门＿＿＿＿＿＿＿＿＿＿＿＿＿＿＿＿＿  五＿＿＿＿＿＿＿＿＿＿＿＿＿＿＿＿＿

耳＿＿＿＿＿＿＿＿＿＿＿＿＿＿＿＿＿  米＿＿＿＿＿＿＿＿＿＿＿＿＿＿＿＿＿

2. 填空。

"马"共有＿＿笔，第2笔是＿＿＿＿＿。

"升"共有＿＿笔，第3笔是＿＿＿＿＿。

"足"共有＿＿笔，第5笔是＿＿＿＿＿。

"牙"共有＿＿笔，第2笔是＿＿＿＿＿。

"水"共有＿＿笔，第2笔是＿＿＿＿＿。

"鸟"共有＿＿笔，第4笔是＿＿＿＿＿。

"鱼"共有＿＿笔，第2笔是＿＿＿＿＿。

"果"共有＿＿笔，第5笔是＿＿＿＿＿。

"业"共有＿＿笔，第3笔是＿＿＿＿＿。

"西"共有＿＿笔，第5笔是＿＿＿＿＿。

"走"共有＿＿笔，第4笔是＿＿＿＿＿。

"平"共有＿＿笔，第4笔是＿＿＿＿＿。

"雨"共有＿＿笔，第6笔是＿＿＿＿＿。

"飞"共有＿＿笔，第1笔是＿＿＿＿＿。

"头"共有＿＿笔，第4笔是＿＿＿＿＿。

"子"共有＿＿笔，第2笔是＿＿＿＿＿。

"心"共有＿＿笔，第2笔是＿＿＿＿＿。

"东"共有＿＿笔，第2笔是＿＿＿＿＿。

"两"共有＿＿笔，第7笔是＿＿＿＿＿。

"山"共有＿＿笔，第2笔是＿＿＿＿＿。

"长"共有＿＿笔，第1笔是＿＿＿＿＿。

"出"共有＿＿笔，第4笔是＿＿＿＿＿。

"皮"共有＿＿笔，第2笔是＿＿＿＿＿。

"半"共有____笔,第5笔是_____。
"正"共有____笔,第3笔是_____。
"瓜"共有____笔,第4笔是_____。
"片"共有____笔,第4笔是_____。
"里"共有____笔,第5笔是_____。
"衣"共有____笔,第4笔是_____。
"巴"共有____笔,第2笔是_____。
"力"共有____笔,第2笔是_____。
"风"共有____笔,第4笔是_____。
"九"共有____笔,第1笔是_____。
"门"共有____笔,第2笔是_____。
"火"共有____笔,第2笔是_____。
"方"共有____笔,第3笔是_____。

## 活动 5　拼图成字

### 活动目的

提高学生用笔画组字的能力,特别是准确辨认笔画的能力。

### 活动准备

将需要练习的笔画写在黑板上(见图 2-3)。

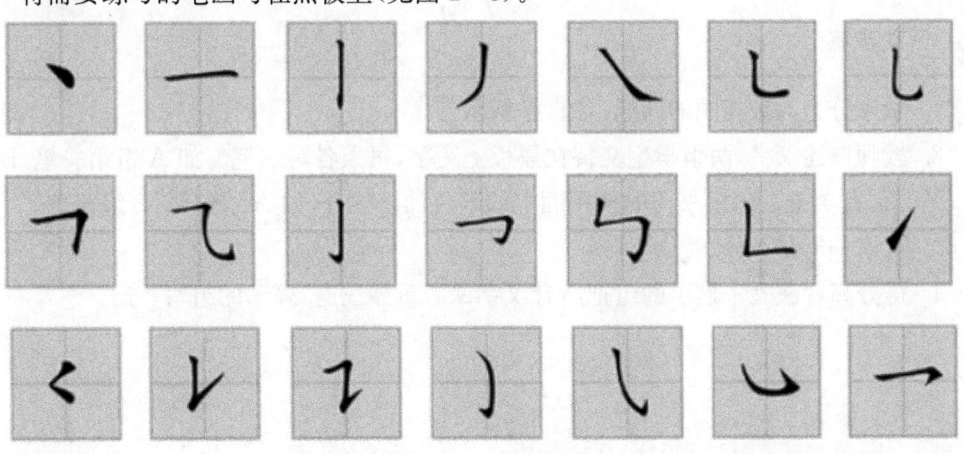

图 2-3　组字笔画

## 活动步骤

1. 学生迅速使用这些笔画自由组成汉字,并把拼出来的字写在一张白纸上。
2. 两分钟之内完成,看看谁拼得又多又准确。
3. 指定学生大声朗读自己写的汉字。

## 活动说明

可根据学习情况提要求,比如规定三笔组字、四笔成字。

## 活动 6  笔顺比赛

## 活动目的

通过比赛帮助学生熟练掌握汉字的基本书写笔顺规则。

## 活动准备

整理学习过的笔顺易写错的汉字。

口　写　么　好　我　谢
起　没　系　老　同　们

## 活动步骤

1. 学生分为人数相同的两组,各自排好队。
2. 教师口述汉字,两组学生交替在黑板上写字,每人各写一笔。如 A 组第一笔,B 组第二笔。以此类推。每组书写时使用固定的颜色加以区分,如 A 组红色,B 组黄色。
3. 写错一笔扣一分。
4. 得分高者获胜。输了的组把所有汉字课后重抄三遍,赢了的组写一遍。

## 活动 7　拼字游戏

### 活动目的

提高学生用部件组字的能力，熟悉汉字结构。

### 活动准备

整理部件卡片（见图 2-4）。

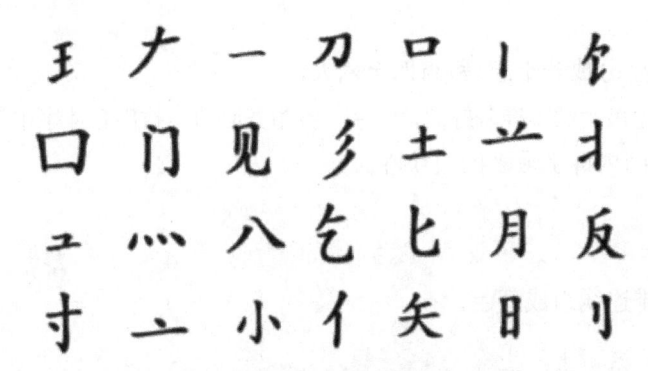

王　广　一　刀　口　丨　钅
口　门　见　彡　土　丷　扌
工　灬　八　乞　匕　月　反
寸　亠　小　亻　矢　日　刂

图 2-4　组字部件

### 活动步骤

1. 三至四个学生一组，发给每组一套部件卡片。
2. 学生将部件卡片散放在桌子上，快速拼出汉字，卡片可重复使用。
3. 组内一学生在纸上写出拼出来的汉字，两分钟内拼出最多汉字的组获胜。

### 练　习

请在田字格上书写以上拼出来的汉字。

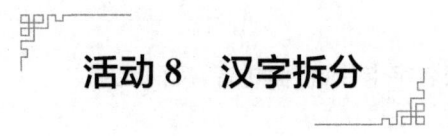

## 活动 8　汉字拆分

### 活动目的

培养学生分析字形的能力，能够将整字合理拆分为次级部件。

◎ 活动准备

1. 准备若干合体字。

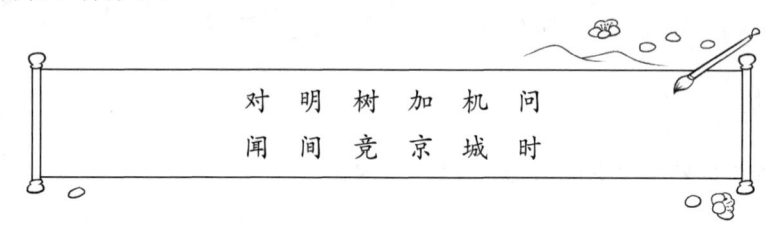

对　明　树　加　机　问
闻　间　竞　京　城　时

2. 将这些合体字制成卡片或制成 PPT 备用。

◎ 活动步骤

1. 将全班学生分成若干组,每组四至六人。
2. 向全班学生展示教师准备好的合体字。各组齐心协力找出合体字中包含的成字部件。
3. 在规定时间内拆字最多的组获胜。

◎ 练　习

请将上下两排连线组成新字。

月　日　口　亲　虫　土
寸　马　要　斤　平　它

## 活动 9　写名字

◎ 活动目的

通过正确书写自己的名字,了解汉字书写规则。

◎ 活动准备

给每个学生打印一张名字卡片,正面拼音,反面汉字。

◎ 活动步骤

1. 教师将名字卡叠放在手中,一名学生上台任意抽取一张。
2. 抽取卡片的学生大声朗读卡片上的拼音名字并把汉字向同学们展示。
3. 被读到名字的学生上台,将自己名字的汉字写在黑板上。点名的学生把名字卡放在桌上,也写出该汉语名字。

4. 教师和其他学生认真观察两位同学的笔画书写是否正确并进行点评。

5. 被点名的学生抽下一名同学,活动继续。

◎ 活动说明

书写过程中,如果学生忘记怎么写,可以翻看名字卡,但不可以看一眼写一笔,需认真观察后放下卡片书写,一人只有一次翻看机会。

◎ 练 习

认真书写自己的名字。

## 第二节 汉字记忆

汉字学习是留学生学习汉语的重难点。相对于拼音文字,方块字的认读和书写是留学生认为汉语难学的关键点所在。在识字的过程中,如果不掌握方法,靠死记硬背,不但时间花得多,而且收效甚微。以下汉字记忆活动根据字理识字、拆字识字、比较识字、找规律识字等方法进行设计,帮助学生进行汉字记忆。

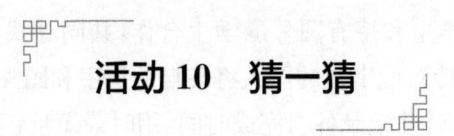

### 活动 10 猜一猜

◎ 活动目的

根据字形猜字义,帮助学生初识汉字,通过认识象形字,了解汉字的起源方式和表义性,培养学生学习汉字的兴趣。

◎ 活动准备

1. 准备汉字卡片若干,每张卡片上有一个象形字(见图 2-5)。
可选常见象形字:

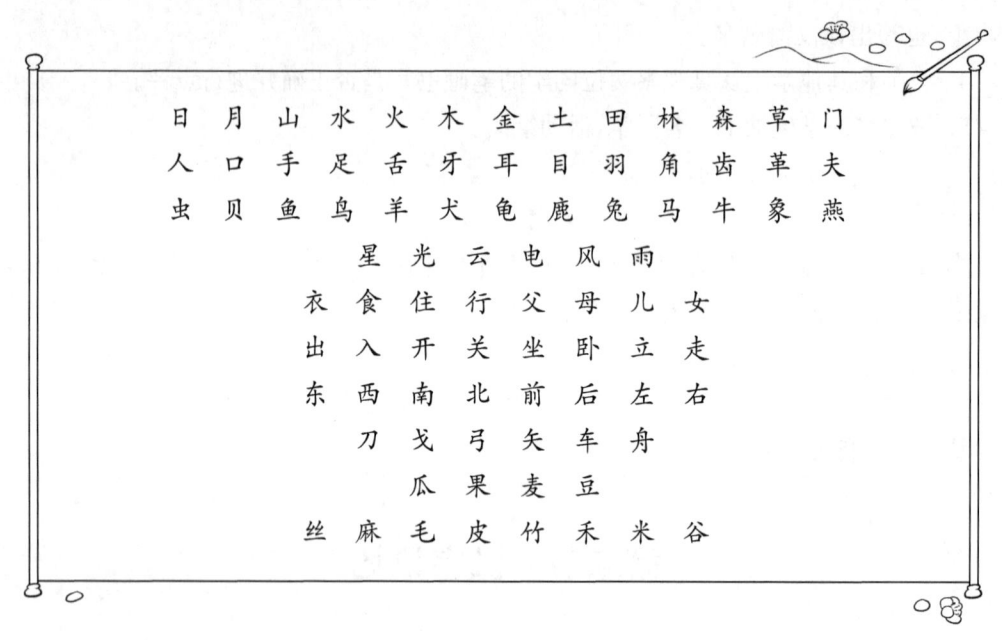

```
日 月 山 水 火 木 金 土 田 林 森 草 门
人 口 手 足 舌 牙 耳 目 羽 角 齿 革 夫
虫 贝 鱼 鸟 羊 犬 龟 鹿 兔 马 牛 象 燕
        星 光 云 电 风 雨
    衣 食 住 行 父 母 儿 女
    出 入 开 关 坐 卧 立 走
    东 西 南 北 前 后 左 右
        刀 戈 弓 矢 车 舟
            瓜 果 麦 豆
    丝 麻 毛 皮 竹 禾 米 谷
```

2. 准备与卡片内容相应的图片。

## 活动步骤

1. 将学生分为三组,分别为汉字组、图片组和评委组。

2. 随机将汉字卡片发给汉字组,图片发给图片组,每人一张。

3. 持有汉字卡片的学生和持有图片的学生合作,共同寻找相应的汉字图画,用最短的时间找到对应的卡片,持对应卡片的两人将各自的汉字和图片同时举起。

4. 评委判断是否正确,并记录各组完成时间,用时最短且正确的两人获胜。

## 活动说明

1. 视班级情况准备卡片,卡片数量可略多于学生数量,让所有学生都能参与。

2. 比赛完成后,简单回顾总结所涉及的汉字,了解规律,加深记忆。

3. 活动结束后,有兴趣的学生可以自己画一画这些汉字所表示的物体,优秀作品和汉字卡片一同展示在黑板上或教室墙上。

| | | | | |
|---|---|---|---|---|
| 日 | 山 | 水 | 林 | 森 |
| 草 | 夫 | 火 | 田 | 石 |
| 雨 | 云 | 马 | 鹿 | 象 |
| 羊 | 鱼 | 燕 | 龟 | 鸟 |

图 2-5　象形字卡片示例

## 活动 11　汉字闪记

### 活动目的

帮助学生快速认读、记忆汉字。

### 活动准备

整理汉字,做成汉字九宫格 PPT(见图 2-6),标上序号。

### 活动步骤

1. 将学生分为两组。
2. 教师播放 PPT,快速闪现完毕。
3. 比一比哪一组迅速认读的汉字多。
4. 游戏升级,教师说序号,学生快速举手,说出相应的汉字。

| | | |
|---|---|---|
| 1. 我 | 2. 找 | 3. 他 |
| 4. 你 | 5. 您 | 6. 学 |
| 7. 好 | 8. 妈 | 9. 吗 |

图 2-6　汉字九宫格 PPT

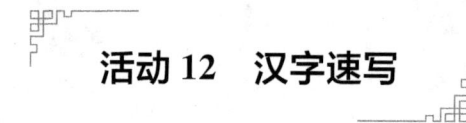

## 活动 12　汉字速写

● **活动目的**

帮助学生快速记忆并准确书写汉字。

● **活动准备**

整理必要的汉字,做成 PPT,每页一字。

● **活动步骤**

1. 将白纸发给学生,每人一张。
2. 教师逐页播放 PPT,快速闪现完毕。
3. 学生将看到的汉字书写在白纸上,限时十秒。
4. 全部书写完毕后,学生两两互换答案,进行修改。

## 活动 13　认读比赛

◎ 活动目的

帮助学生快速认读、记忆汉字。

◎ 活动准备

整理需要练习的汉字，做成 PPT。

◎ 活动步骤

1. 学生分为 A、B 两组。
2. 教师播放 PPT。A 组同学开始认读汉字，一人一个字，如果读对，换第二个同学继续。如果读错，B 组同学接上，一人一个字。如果读错，再由 A 组接替。
3. 如此循环，看看最后哪组同学先读完。

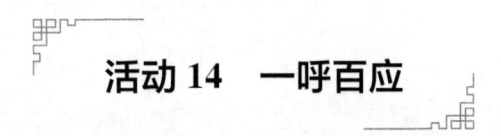

## 活动 14　一呼百应

◎ 活动目的

帮助学生按语音系统复习、巩固汉字，掌握同音字的字形书写，了解形声字的构成。

◎ 活动准备

1. 准备学生学过的同音字，做成 PPT 展示。

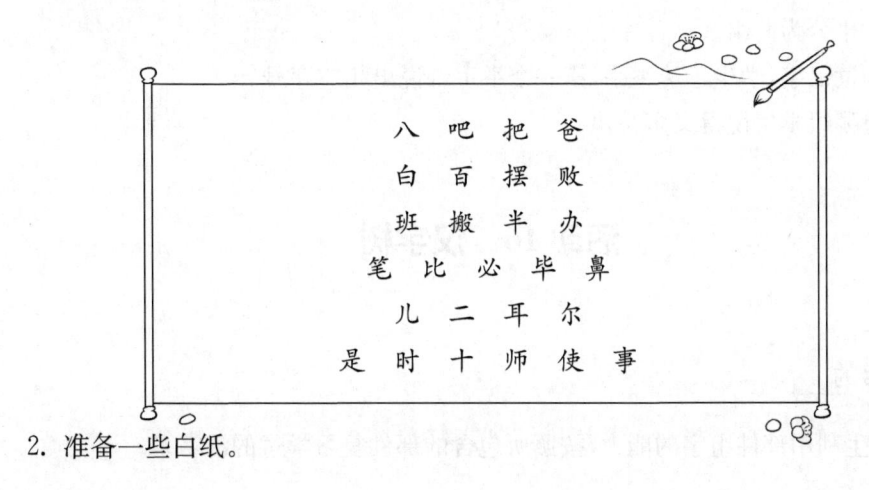

八 吧 把 爸
白 百 摆 败
班 搬 半 办
笔 比 必 毕 鼻
儿 二 耳 尔
是 时 十 师 使 事

2. 准备一些白纸。

### 活动步骤

1. 发给学生白纸，每人一张。
2. 教师发出一个字音，学生写出所有学过的（或知道的）和该字音相同的汉字，可以不同声调。

　　例如：妈　麻　马　码　骂　吗　嘛

3. 比比规定时间内谁写得最多。
4. 各组交换认读。
5. 教师出示 PPT 展示该组同音字，带领学生辨析每个字的字形和字义。

### 活动说明

如果有学生写出了没有学过的新字，适当进行鼓励与表扬，让该生解释新字字义，带着大家一起学习。

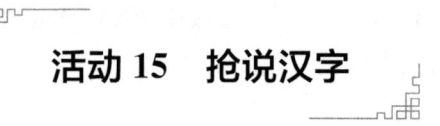

## 活动 15　抢说汉字

### 活动目的

帮助学生快速认读、记忆汉字。

### 活动准备

整理汉字，做成 PPT，给每个汉字标上序号。

### 活动步骤

1. 将学生分为两组。
2. 教师读汉字，学生迅速举手，第一个举手者说出相应序号。
3. 看看哪组学生说得又多又快。

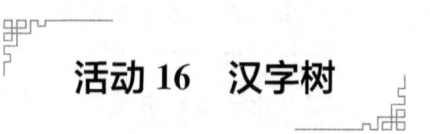

## 活动 16　汉字树

### 活动目的

提高学生利用部件组字的能力，按照所包含的部件复习学过的汉字。

### 活动准备

准备白纸若干张。

### 活动步骤

1. 将白纸发给学生,每人一张。
2. 告诉学生游戏规则:选取一个学过的合体字作为树干,找出包含与树干字具有相同部件的汉字写在树干的周围作为树枝,再以树枝为基础,造出与树枝字具有相同部件的汉字,写在树枝周围作为下一层分支。
3. 以此类推,把具有相同部件的汉字归类整理成一棵汉字树。
4. 大家分别介绍自己的汉字树,比比谁的树最茂盛。

### 活动说明

可以规定一些必用部件,有目的地帮助学生。

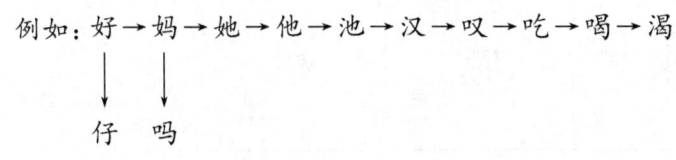

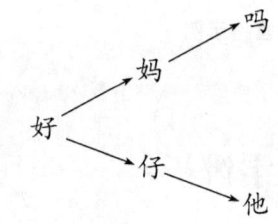

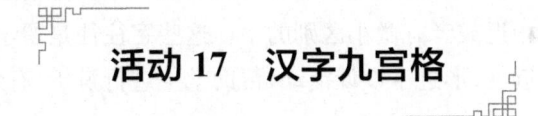

例如:好→妈→她→他→池→汉→叹→吃→喝→渴
　　　↓　↓
　　　仔　吗

```
          → 吗
      妈 ⟨
  好 ⟨    
      仔 ⟨ 
          → 他
```

## 活动 17　汉字九宫格

### 活动目的

帮助学生复习、记忆所学汉字,提高汉字学习兴趣。

### 活动准备

制作打印空白九宫格卡片。

### 活动步骤

1. 发给学生一人一份九宫格卡片。
2. 教师给出一个汉字,学生写出与该汉字同声同韵不同调的其他汉字,或包含该汉字声母或韵母的汉字,填满空格(可参见图2-7)。
3. 学生交换卡片,互相展示批阅。

| 师 | 时 | 史 |
|---|---|---|
| 事 | 说 | 书 |
| 水 | 睡 | 树 |

图2-7 汉字九宫格示例

## 第三节 汉字辨析

汉字是中国特有的书写系统,通过字形和含义的组合来传达信息。在汉字中,往往会有一些字形相似、字义相近或者有微小区别的字。这些字往往是留学生汉字学习的"拦路虎"。本节针对这些音近字、形近字设计活动,帮助学生进行辨析,有效记住正确的汉字。

### 活动18 改一改

### 活动目的

加深学生对形近字的辨析,提高汉字的学习兴趣。

◎ 活动准备

1. 准备汉字卡片，该字可加一笔或减一笔变成其他字。

一　二　口　日　十　人　大
白　土　又　八　目　儿　月　木

2. 将这些汉字写在卡片上。

◎ 活动步骤

1. 将学生分组，三至五人一组。
2. 将卡片发给每组第一个学生，要求学生以卡片上的汉字为基础添加或减少一两笔构成新的字，写在卡片反面。
3. 第一个学生写好后将卡片传给本组第二个学生，可以在最初的字上增减笔画，也可以在新的字上增减。以此类推。
4. 每个小组成员以循环接龙的方式对卡片上的汉字进行笔画增减构成新字，不得重复。
5. 教师控制时间，时间一到，所有小组活动停止。

◎ 活动说明

1. 保证卡片一直在小组所有成员之间不断传递，一个学生每次只写一个汉字，写好后快速传递给下一个学生，确保每个学生都有思考和书写的机会。
2. 一时想不出新字的组员应控制思考时间。

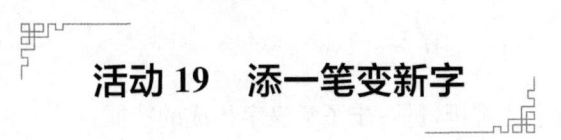

## 活动 19　添一笔变新字

◎ 活动目的

加深学生对形近字的辨析，提高对汉字构成的学习兴趣。

◎ 活动准备

整理汉字，制作打印活动页。
可选汉字：

一 十 口 日 人 大 王 木 土 又 天 月 云
头 了 么 牛 万 丁 乙 儿 乌 目 火 小
白 夫 八 几 去 石 巾 心 米 问

### 活动步骤

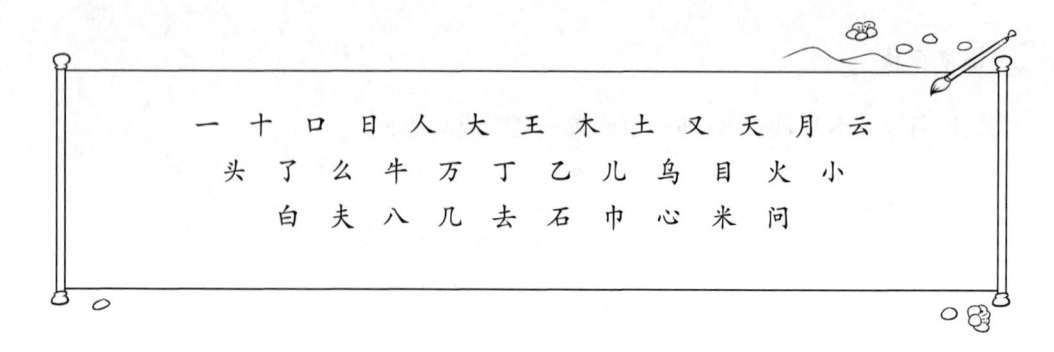

1. 发给学生活动页。
2. 限时完成加一笔变新字练习。

### 练习

1. 下面的字加一笔能组成什么字呢？看看谁写得多。

日（　）（　）（　）（　）（　）（　）（　）
木（　）（　）（　）（　）（　）（　）（　）
大（　）（　）（　）（　）（　）（　）（　）
二（　）（　）（　）（　）（　）（　）（　）
王（　）（　）（　）（　）（　）（　）（　）

2. 口字加两笔变新字，看看谁写得又快又多。

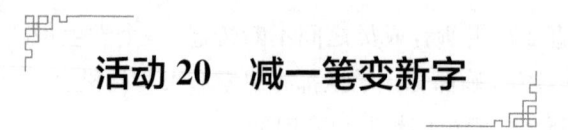

## 活动 20　减一笔变新字

### 活动目的

加深学生对形近字的辨析，进一步了解汉字构成的特征。

### 活动准备

整理汉字，复印活动页。
参考汉字：

大 本 干 不 百 正 主 天 王 亚 日 方
王 开 用 令 来 白 去 见 间 几 子 生

### 活动步骤

1. 发给学生活动页。
2. 限时完成减一笔变新字练习。

## 活动 21　加两笔变个字

### 活动目的

加深学生对形近字的辨析，提高对汉字构成的学习兴趣。

### 活动准备

整理汉字，复印活动页。

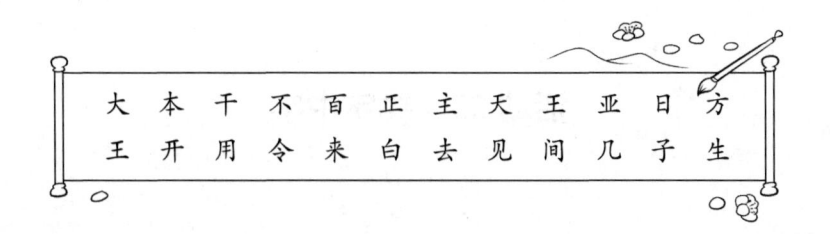

口 力 未 令 天 干 人 中

### 活动步骤

1. 发给学生活动页。
2. 限时完成加两笔变新字练习。

### 练　习

口字加两笔（可进行分组比赛，一组轮流说一字，看哪组说得多）。

## 活动 22　找字中字

### 活动目的

培养学生对汉字结构蕴含的敏感性,提高对汉字的学习兴趣,了解中国汉字文化的趣味性。

### 活动准备

整理汉字,复印活动页。

例如:下面这个"字"是陕西名特产小吃 biangbiang 面的招牌,包含了很多汉字。

### 活动步骤

1. 发给学生活动页。
2. 告诉学生这个字不是规范汉字,字典中不存在。
3. 分组合作,限时完成找字中字。

### 练　习

找字中字。

重:

黄:

赢:

## 活动 23　部首配字

### 活动目的

培养学生对形声字的认识,认识部首的构字意义。

### 活动准备

整理相同部首的汉字。

### 活动步骤

1. 全班同学分为三组。
2. 可每个小组每次派一人参赛。也可全体小组成员一起活动,这样效率更高、参与度更高。
3. 参赛队员根据提示的部首配字,写在黑板上。
4. 一字一分,计入小组成绩。

### 活动说明

1. 队员之间不得友情提示。
2. 书写错误扣一分。

### 练　习

给下面的偏旁组字,看看哪一组组字多。

扌（　）（　）（　）（　）（　）（　）
木（　）（　）（　）（　）（　）（　）
氵（　）（　）（　）（　）（　）（　）
讠（　）（　）（　）（　）（　）（　）
忄（　）（　）（　）（　）（　）（　）

讠( )( )( )( )( )
口( )( )( )( )( )
日( )( )( )( )( )
门( )( )( )( )( )
户( )( )( )( )( )

## 活动 24　火眼金睛

### 活动目的

培养学生辨认、改正错字的能力，掌握汉字的正确写法。

### 活动准备

1. 教师整理学生近期作业中的错字，做成汉字卡片，在卡片的正面写上错字，背面空白。
2. 准备红笔若干支。

### 活动步骤

1. 全班分组，每组三人左右。
2. 将红笔和卡片平均分配到各组。
3. 小组成员合作用红笔标出错误的位置，并在卡片背面改正错误。
4. 完成任务最快并正确的小组获胜。

### 活动说明

1. 准备阶段可组织学生一起查找错字并制作卡片。
2. 每组卡片上错字难度尽量差不多。

## 第四节　汉字游戏

用游戏的方式提高学生的汉字学习兴趣，让学生感受汉字学习的快乐。

## 活动 25　汉字牌

**活动目的**

培养学生准确、快速认字的能力。

**活动准备**

和学生一起自制生字卡。

**活动步骤**

1. 同桌两人一组,平分生字牌。
2. 一人出牌,对方大声读出字音并组词,如果正确,赢得对方的牌。出牌的学生继续下一张。
3. 如果拼读错误,换另一人出牌。
4. 谁手中的牌最多谁获胜。

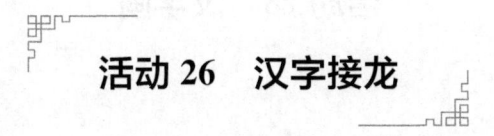

## 活动 26　汉字接龙

**活动目的**

帮助学生快速记忆、复习整理所学汉字。

**活动准备**

准备接龙的汉字。

**活动步骤**

1. 教师说一个字。
2. 学生马上接龙,说出任意一个与这个字音形义有关系的字。
   例如:我—你—他—们—门—认—人—大—天—气—七—八……
3. 学生停顿超过十秒则失去机会,迅速跳到下一位同学。

**活动说明**

可分组比赛,限定形相关、音相关和义相关,或仅限其中一种关系进行接龙。

## 活动 27　你说我猜

### 活动目的

帮助学生复习整理所学汉字。

### 活动准备

准备生字卡。

### 活动步骤

1. 学生上台任意抽取一张生字卡，不让其他同学看见。
2. 用语言或动作描述该字，其他同学猜是什么字。
3. 猜对的同学上台继续抽取汉字表演。

## 活动 28　汉字画

### 活动目的

帮助学生区分独体字与合体字。

### 活动准备

准备一些独体字和合体字，打乱顺序写在一张纸上，使两种字的组合形成简单图案，涂色后可明显看出来。复印若干份。

### 活动步骤

1. 学生两人一组，每组一份活动页，看活动页上的汉字，分别找出独体字和合体字，用不同的颜色或符号分别标出。
2. 涂好后，看看上面出现的是什么图案，并说出名称。最先完成涂色并正确说出图案名称的组获胜。

### 活动说明

教师要发挥想象力，事先设计好简单图案。

### 练 习

熟记以下独体字。

四 五 书 少 个 在 子 工
上 下 本 末 午 电 天 气
雨 日 目 习 开 车 回 年
出 飞 为 也 生 高 手 丈
夫 两 乐 长 鱼 衣 门 羊

## 活动 29　画汉字

### 活动目的

通过画汉字，了解并记忆象形字。

### 活动准备

汉字卡片、彩笔、白纸。

### 活动步骤

1. 教师以"山""水"为例，首先向学生介绍这两个汉字的由来。
2. 在学生明白汉字的来源之后，可以让学生试着画"日""月"。
3. 选出最好的一幅画进行点评。
4. 按照这个思路，让学生再针对另外的汉字展开想象，并画出来。
5. 全班参与评选，获得投票最多的同学获胜。

### 活动说明

在游戏前要讲解汉字与图片的关系，借助图片引导学生记住汉字结构。保留好学生的画作。

## 活动 30　猜字谜（1）

### 活动目的

让学生通过有趣的思考记住汉字。

### 活动准备

准备一些字谜，做成谜面小纸条。

### 活动步骤

1. 全班学生上台抽取字谜，一人最少一条。
2. 心中有了答案的学生上台大声读出谜面，请全班同学猜。第一个猜对的学生上台继续读出自己的谜面。

## 活动 31　猜字谜（2）

### 活动目的

让学生通过有趣的思考记住汉字。

### 活动准备

准备一些字谜，做成谜面和谜底小纸条。

### 活动步骤

1. 选取一些谜面用 PPT 打出。
2. 全班学生分为四组。
3. 根据难度，把谜底分成四组。每组抽取一份。
4. 看哪组最先找出相应的谜面。

### 练　习

根据谜面，推敲一个字。你能答对多少道呢？

猜字谜

1. 山上有山（          ）
2. 二人同行/三人行（          ）
3. 十张口,一颗心（          ）
4. 说她小,下边大；说她大,上边小（          ）
5. 一只黑狗,不叫不吼（          ）
6. 差一点六斤（          ）
7. 自小在一起,目前少联系（          ）
8. 点点成金（          ）
9. 一人一张口,下面长只手（          ）
10. 四面都是山,山山都相连（          ）
11. 种花要除草,一人来一刀（          ）
12. 存心不让出大门,你说烦人不烦人（          ）
13. 一只狗,两个口,谁遇它谁发愁（          ）
14. 皇帝新衣（          ）
15. 一点水准（          ）
16. 格外大方（          ）
17. 七十二小时（          ）
18. 需要一半,留下一半（          ）
19. 一月一日非今天（          ）
20. 综合门市（          ）
21. 守门员（          ）
22. 有人偷车（          ）
23. 半青半紫（          ）
24. 身残心不残（          ）
25. 千里丢一,百里丢一（          ）
26. 一人（          ）
27. 一人在内（          ）
28. 一人腰上挂把弓（          ）
29. 一口吃掉牛尾巴（          ）
30. 一口咬定（          ）
31. 一大二小（          ）
32. 一斗米（          ）
33. 一月七日（          ）
34. 一加一（          ）

· 67 ·

35. 一百减一（　　）
36. 一夜又一夜（　　）
37. 一个人搬两个土（　　）
38. 一个礼拜（　　）
39. 一家十一口（　　）
40. 一头牛（　　）
41. 一只狗四个口（　　）
42. 一边是红，一边是绿，一边怕风，一边怕雨（　　）
43. 七人头上长了草（　　）
44. 九只鸟（　　）
45. 九辆车（　　）
46. 九点（　　）
47. 人不在其位（　　）
48. 人有他则变大（　　）
49. 八十八（　　）
50. 不要讲话（　　）
51. 互吻（　　）
52. 五口之家（　　）
53. 天上无二，合去一口，家家都有（　　）
54. 上下难分（　　）
55. 光打雷不下雨（　　）
56. 小姑娘（　　）
57. 十月十日（　　）
58. 十个哥哥（　　）
59. 文武双全（　　）
60. 半个人（　　）
61. 半个月（　　）
62. 半真半假（　　）
63. 日复一日（　　）
64. 古时候的月亮（　　）
65. 多一半（　　）
66. 两个动物，一个在水里，一个在山上（　　）
67. 一边大一边小，大的吃草，小的吃人（　　）
68. 一半在天空，一半在水中，老家在山东（　　）
69. 一点点上天，乌云盖两边，上字倒挂起，人字荡秋千（　　）

70. 一点点上天,乌云盖两边,王子中间坐,玉女下凡间(　　　)
71. 一点点上天,乌云盖两边,左脚搭右脚,中间扁担穿(　　　)
72. 一点点上天,乌云盖两边,一竖竖到底,两口在一边(　　　)
73. 解落三秋叶,能开二月花,过江千尺浪,入竹万杆斜(　　　)
74. 远看山有色,近听水无声,春去花还在,人来鸟不惊(　　　)

# 第三章 词汇学习活动

对于外语学习者而言,若想运用所学外语进行交际,词汇便是不可或缺的一个重要组成部分。一个人若是没有掌握足够的词汇,便会在语言交际的过程中捉襟见肘,词不达意,无法顺利地完成有意义的表达,所以词汇教学在汉语学习过程中同样有着举足轻重的作用。

本章内容遵循《HSK 考试大纲:三级》的要求,将大纲词汇按词性进行分类,以游戏活动为载体,尽量保证在词汇不超纲的前提下,采取不同的游戏形式,强调游戏内容的多样性、趣味性、实用性,以学生为主体,让学生在玩中学,提高学生对词汇学习的兴趣,减少死记硬背,降低学生对词汇学习的厌烦情绪。学生沉浸在游戏活动的气氛中,兴趣和情感得到激发,发挥自身的主观能动性,全身心地投入学习活动中,去识记、复习词汇。游戏作为一种教学手段,通过大量的练习使学生更轻松地掌握词汇的读音和含义。

在每个游戏之后,我们都设置了相应的习题。为了使学生尽快熟悉 HSK 三级考试的形式,给出的练习尽可能地贴近真题设置,让学生在游戏过后静下心来检查自己学习的内容,更好地查漏补缺。

# 第一节 名 词

名词表示人、事物,或时、地的名称。名词有以下几种:专有名词、普通名词、时间名词、处所名词、方位名词等。

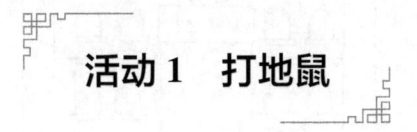

## 活动 1 打地鼠

**参考词语**

饭馆、商店、医院、宾馆、超市、公园、银行、公司、学校、教室、图书馆

**活动目的**

通过游戏,学生能够熟悉以上词语的读音和意义,并熟练掌握处所名词。

**活动准备**

教师下载并准备好相应的游戏图片(见图 3-1),准备充气的榔头,在课前将相应的游戏图片粘贴在黑板上。

图 3-1　处所图示例

## 活动步骤

1. 两人一组,轮流到黑板前。
2. 一个学生读一个名词(读错不计成绩)。
3. 另一个学生听到后,快速跟读,并用榔头敲击相应的图片。教师计时,并写在黑板上。
4. 另一组学生到黑板前,继续活动。
5. 用时最少的一组获胜。

◎ 活动说明

每组最多用时一分钟,超时则淘汰。

◎ 练　　习

选词填空。

商店、公园、饭店、公司、教室、超市、医院、宾馆、银行、图书馆

1. 这家(　　)的菜又便宜又好吃。
2. 我妈妈在附近开了一家小(　　),卖些日常用品。
3. 他的爸爸是一名医生,他在(　　)工作。
4. 我们去旁边的(　　)取钱吧。
5. 晚饭后,他总是和妻子一起去(　　)聊聊天,散散步。
6. 新开的(　　)真大,水果打八折。
7. 他每天都开车去(　　)上班。
8. 这个(　　)有六层,HSK考试的书在第三层。
9. 我们住的(　　)在海边,非常美。
10. 新老师笑着走进我们的(　　)。

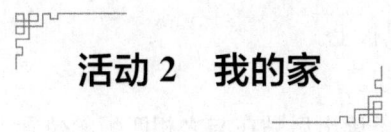

## 活动 2　我的家

◎ 参考词语

家、洗手间、厨房、客厅、卧室、电梯

◎ 活动目的

通过游戏,学生能够熟练掌握以上词语的读音、意义,以及家里各个房间的名称。

◎ 活动准备

教师在课前准备好相应的游戏图片(见图 3-2)。

图 3-2 房间图示例

### 活动步骤

1. 将房间的图片贴在黑板上。
2. 将学生分组，六人一组。
3. 学生依次上前，将词条读出后贴在与之相匹配的位置上。
4. 最先且最准确完成的一组获胜。

### 练　习

选词填空。

家、洗手间、厨房、客厅、卧室、电梯

1. 妈妈在（　　　）做饭呢。
2. 他在（　　　）洗手呢，一会儿就过来。
3. （　　　）里的人太多了，我们走着上楼吧。
4. 我丈夫的朋友们坐在我家的（　　　）里聊天、看电视。
5. 我们（　　　）在这家超市的对面，一号楼。
6. 他买了那张床，放在了他新房的（　　　）。

## 活动3　贴小人儿

**参考词语**

眼睛、鼻子、耳朵、脚、腿、手、头发、嘴、*胳膊①

**活动目的**

通过游戏，学生能够熟悉以上词语的读音和意义，掌握与身体部位相关的名词。

**活动准备**

教师在课前准备好相应的游戏图片；将脸和身体的部分提前挑出(见图3-3)。

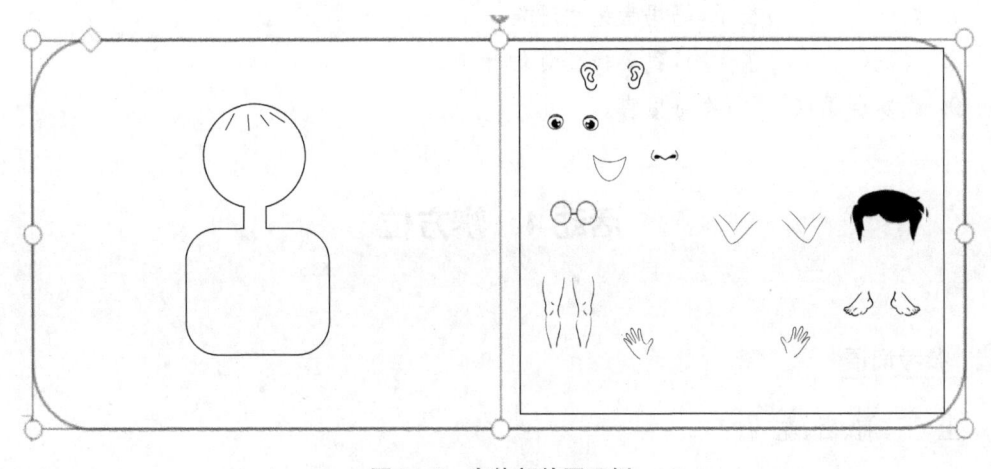

图3-3　身体部件图示例

**活动步骤**

1. 将头和身体固定在黑板的左侧，其他部位分散放在桌子上。
2. 将全班同学分成两组(每组九人)，一个接一个上前(若学生数量较多可分几次进行，每次两组)。
3. 学生上前选择要贴的部位，拿起来，并说出所对应的汉语名称。
4. 迅速(不得超过十秒)说出名称后，将其贴在相对应的位置上。
5. 用时最少的一组获胜。

---

① *为超纲词语。

### 活动说明

每组最多用时两分钟，每个学生要在十秒内说出相对应的汉语名称。

### 练　习

选词填空。

脚、鼻子、腿、手、头发、头、耳朵、嘴、眼睛

1. 走路的时候,(　　)要看着前面。
2. 大象的(　　)非常灵活。
3. 他竖起(　　),仔细听了听树林里的声音。
4. 他的头球和用(　　)踢出来的球一样厉害。
5. 老师,我的(　　)受伤了,站不起来。
6. 妈妈说吃饭前要先洗(　　)。
7. 妹妹(　　)长了,妈妈带她去理发。
8. 请把(　　)张大些,我要检查你的牙齿。
9. 我发烧了,(　　)疼得厉害。

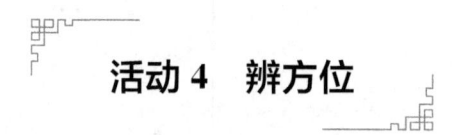

## 活动4　辨方位

### 参考词语

上、下、前、后、左、右

### 活动目的

通过游戏,学生能够熟悉以上词语的读音和意义,熟练掌握考纲内与方位名词相关的内容。

### 活动准备

教师在课前移动桌椅,腾出空地。

### 活动步骤

1. 将学生分成两组,排成两队。
2. 教师在最前面做动作,手指指向不同的方向。
3. 排在第一个的学生快速说出方位名称。

4. 先说对的学生得一分,两组都换下一个同学,继续进行。

5. 说错的或后说的学生不能得分。

6. 得分多的一队获胜。

### 练习

根据图3-4,用所学的词语填空。

图3-4 水果方位图

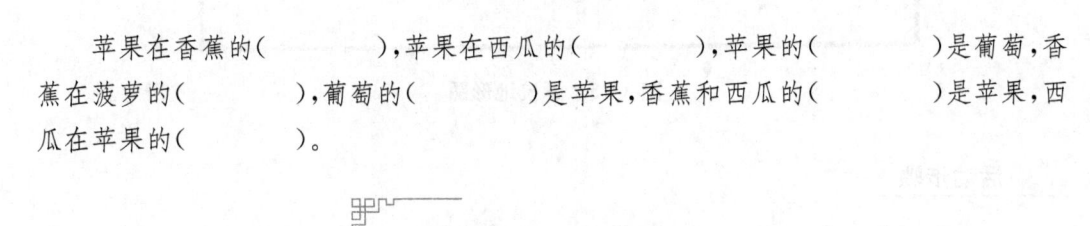

苹果在香蕉的(　　　),苹果在西瓜的(　　　),苹果的(　　　)是葡萄,香蕉在菠萝的(　　　),葡萄的(　　　)是苹果,香蕉和西瓜的(　　　)是苹果,西瓜在苹果的(　　　)。

## 活动5　拼拼图

### 参考词语

里、外、中间、旁边、附近、东、南、西、北

◎ 复习词语

公园、饭店、公司、超市、医院、树

◎ 活动目的

通过游戏,学生能够熟悉以上词语的读音和意义,复习处所名词,将方位与处所相结合,熟练掌握与方位名词相关的内容。

◎ 活动准备

教师下载打印好相关的教具(见图 3-5),课前将教具贴在黑板上,方便学生练习。

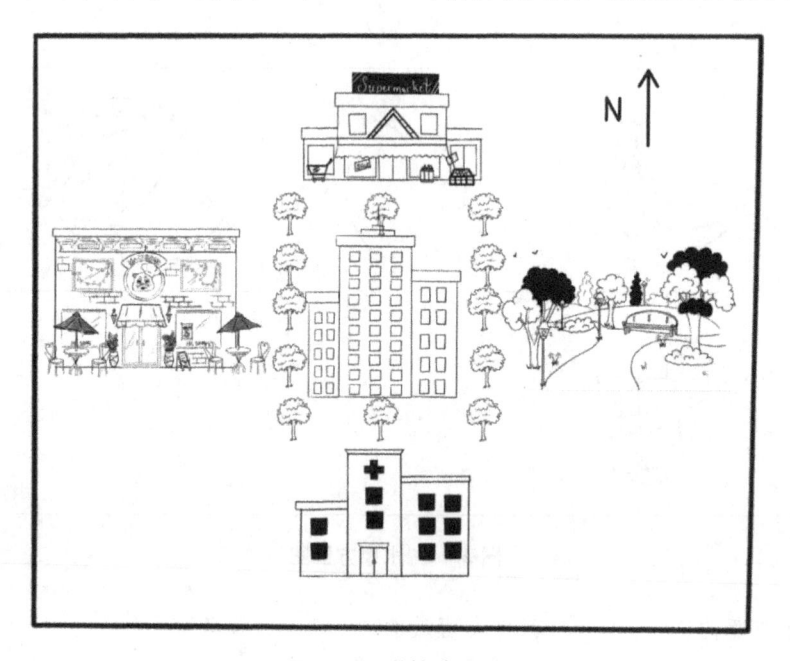

图 3-5 学校地形图

◎ 活动步骤

1. 五个学生一组,教师根据学生数量将学生分成若干组。
2. 教师将活动页发给学生。
3. 教师念句子,一个句子读三遍,各组同时根据教师念的句子开始拼图。
4. 根据下面的句子,完成拼图。

(1) 爱丽在公园里边。
(2) 大卫在超市旁边。

(3) 我们公司附近都是树。

(4) 马克在饭店外边。

(5) 我们公司在饭店和公园的中间。

(6) 公司的北边是超市。

(7) 饭店在公司的西边。

(8) 公司的东边是公园。

(9) 医院在南边。

5. 教师念完句子后,最快完成拼图且全部正确的一组获胜。

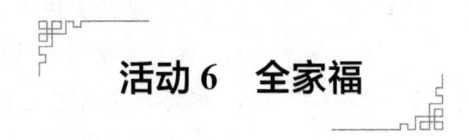

## 活动 6　全家福

### 参考词语

爸爸、妈妈、孩子、儿子、女儿、弟弟、妹妹、哥哥、姐姐、爷爷、奶奶、阿姨、叔叔、妻子、丈夫

### 活动目的

通过活动,教师指导学生复习与家庭成员称谓有关的词语,使学生建立更加生动形象的概念,更好地掌握这些词语。

### 活动准备

教师准备有关家庭成员的生词卡片。

### 活动步骤

1. 将班上学生分成两组,学生排成两队依次上前。

2. 前一个学生拿起一张词语卡片,自己看过后,用语言描述卡片词语与自己的关系,如:"弟弟"可以说"比我小,我们是同一个妈妈"。

3. 后一个学生根据描述猜测卡片内容,并用汉语说出。

4. 若说对了则可以将手里的卡片贴在黑板上,并描述下一张生词卡,让下一个同学猜。

5. 将卡片全部猜对且用时最短的一组获胜。

### 练 习

连线。

1. 不，我奶奶家在上海。　　　　　A. 不是，他是我的叔叔。
2. 两个，一个儿子，一个女儿。　　B. 你有几个孩子？
3. 他是你的爸爸吗？　　　　　　　C. 你妈在厨房做饭呢。
4. 这是我爷爷年轻时候的照片。　　D. 这是我的妹妹，叫爱丽。
5. 她是我妻子的妹妹。　　　　　　E. 他是我的丈夫。
6. 爸爸，我妈妈呢？　　　　　　　F. 五口，有妈妈、爸爸、哥哥、姐姐，还有我。
7. 你们家有几口人？　　　　　　　G. 这是谁？和你爸爸长得真像。
8. 她今年五岁了。　　　　　　　　H. 你们可以叫她阿姨。
9. 我和他是去年结的婚。　　　　　I. 你奶奶家也在北京吗？
10. 我今年十八岁了。　　　　　　　J. 我的哥哥比我大两岁。

## 活动 7　找工作

### 参考词语

同学、同事、朋友、邻居、室友、服务员、教师、学生、医生、经理、司机、护士

### 活动目的

通过活动，学生能够明确人物关系，熟练掌握与职业及人物关系相关的词语，并且掌握这些词语的读音。

### 活动准备

教师根据学生人数，提前规划分组，准备好相应的词语卡片。

### 活动步骤

1. 将学生分为两组。
2. 教师将词语打乱，背面朝上，放在讲台上。
3. 两组学生同时排成竖队，准备好以后，教师计时开始。
4. 学生依次向前，翻开词语卡片，并快速读出。
5. 教师给手势判断对错，读完的学生，回到队尾继续排队。
6. 所有生词完成后，停止计时。

7. 用时最短的一组获胜。

## 练　习

选词填空。

邻居、老师、室友、医生、学生、服务员、同学、司机、同事、经理

1. 下个星期就要考试了,(　　　)们都在抓紧时间复习。
2. 他经常在工作中帮助我,我们是(　　　),也是好朋友。
3. 我们搬家那天,很多(　　　)都来帮忙,妈妈常说"远亲不如近邻"。
4. 我们学校的宿舍是两人间,爱丽是我的(　　　)。
5. 我们饭店的(　　　)有很多,你找谁?
6. 他是我们的汉语(　　　),明天早上我们有汉语课。
7. 爱丽很努力,是一个好(　　　),考试经常是第一名。
8. 我的爸爸在医院工作,他是一名(　　　)。
9. 哥哥工作非常努力,得到了(　　　)的表扬。
10. (　　　)喝酒以后开车,是非常危险的。

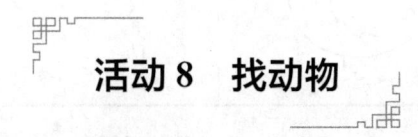

## 活动 8　找动物

### 参考词语

猫、鱼、鸟、熊猫
十二生肖:鼠、牛、虎、兔、龙、蛇、马、羊、猴、鸡、狗、猪

### 活动目的

通过游戏,学生能够掌握考纲要求的以上相关动物的名词,并掌握中国传统文化十二生肖的相关文化内容和与之相关的动物名称,以及它们的读音和意义。

### 活动准备

根据图示要求准备相关动物图片(见图 3-6)。

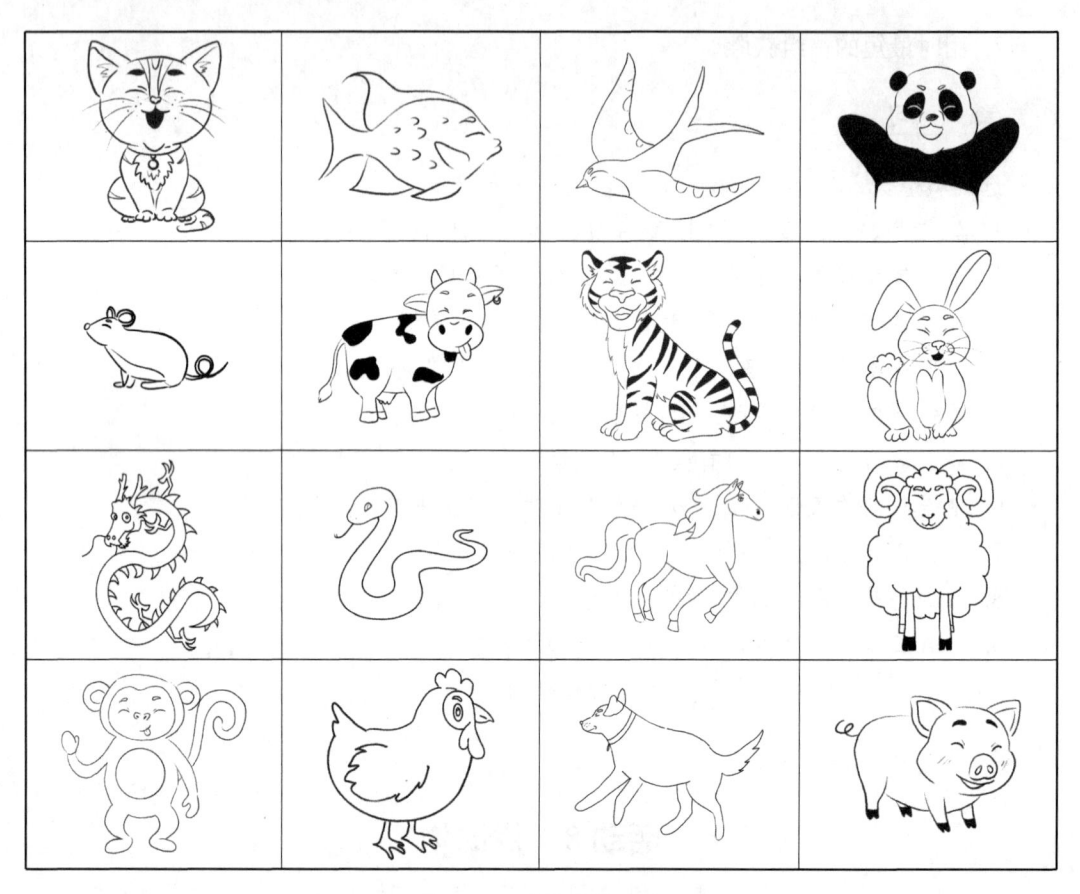

图3-6 动物图片示例

## 活动步骤

1. 教师用十至十五分钟，对十二生肖的文化内容进行介绍。
2. 教师拿出相应的动物生词卡片（先展示图片），学生根据图片说出动物名称，回答正确得分，回答错误不得分，全班同学依次回答。
3. 教师拿出相应动物的卡片（有汉字的一面），学生根据汉字说出动物名称，回答正确得分，回答错误不得分，全班同学依次回答。
4. 请学生给十二生肖排序，并把答案写在下面的空格中，完成后举手示意。前五名准确完成的学生按名次分别加五到一分。

羊、蛇、猴、马、狗、猪、牛、鸡、鼠、虎、兔、龙

|  |  |  |  |  |  |  |  |  |  |  |  |
|--|--|--|--|--|--|--|--|--|--|--|--|
|  |  |  |  |  |  |  |  |  |  |  |  |

5. 由教师统计最后的总分数,对前三名的学生给予奖励。

## 练　习

连线。

1. 
| 猫 | gǒu |
| 狗 | shé |
| 羊 | zhū |
| 蛇 | niú |
| 猴 | yáng |
| 马 | māo |
| 猪 | mǎ |
| 牛 | hóu |

2. 
| 熊猫 | xióngmāo |
| 鸡 | lóng |
| 鱼 | jī |
| 鼠 | tù |
| 虎 | yú |
| 兔 | hǔ |
| 龙 | niǎo |
| 鸟 | shǔ |

## 活动 9　房间里面有什么?

### 参考词语

桌子、床、沙发、电视、电脑、手机、手表、空调、冰箱、椅子、照相机、门、书、词典、照片、铅笔

### 活动目的

通过活动,教师对上述大纲词语进行复习,使学生能够发散思维,掌握这些生活常用物品。

### 活动准备

课前挪动桌椅,腾出空地,给学生提供较大的空间,以便小组活动顺利进行。

### 活动步骤

1. 每组五至六人,将班上学生分成若干组。
2. 进行活动的小组成员围成一个圆形。
3. 教师边拍手边说:"……里面有什么?"例如:"客厅里面有什么?"
4. 学生按照老师的节奏回答:"有……"例如:有电视。要求学生一个接一个地进行回答。
5. 按节奏完成且没有错误的一组获胜。

### 活动说明

每组所说的物品不能重复。

### 练　习

给出图片（见图 3-7），请学生把相对应的词语填在图片旁边。

图 3-7　房间内家具示例

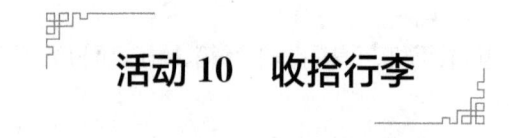

## 活动 10　收拾行李

### 参考词语

衣服、衬衫、裙子、裤子、帽子、眼镜、伞、行李箱、报纸、地图、信、票、钱

### 活动目的

通过活动，学生能够掌握词语的读音及意义，避免做题时张冠李戴。

### 活动准备

教师根据学生数量和分组情况，提前下载并打印好相关活动页（见图 3-8），发给学生。

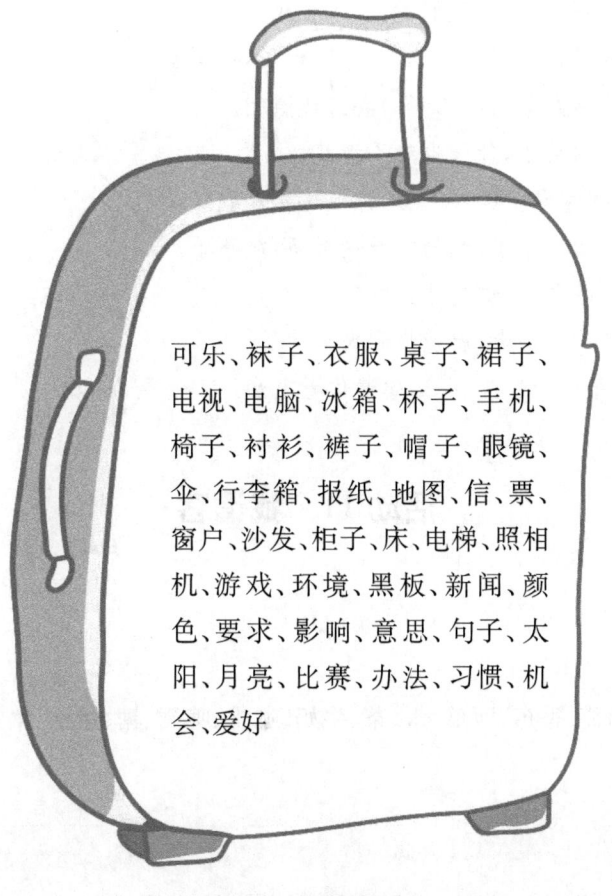

可乐、袜子、衣服、桌子、裙子、电视、电脑、冰箱、杯子、手机、椅子、衬衫、裤子、帽子、眼镜、伞、行李箱、报纸、地图、信、票、窗户、沙发、柜子、床、电梯、照相机、游戏、环境、黑板、新闻、颜色、要求、影响、意思、句子、太阳、月亮、比赛、办法、习惯、机会、爱好

图3-8 行李单示例

### 活动步骤

1. 每组三人，教师根据本班学生的数量，进行分组。
2. 学生在活动页上的词语中，圈出旅行时可以带的物品。
3. 若能想到新的有关旅游用品的词语，可以对以上词语进行补充。
4. 活动时间为十分钟，圈出并补充词语最多的一组获胜。

### 活动说明

活动时，不可翻书、查字典，补充的词语需是汉字，若写拼音，两个词语的拼音算一个。

### 练 习

选词填空。
眼镜、帽子、行李箱、裙子、伞、票、地图、报纸、衬衫、裤子
1. 他今天穿了一件白（　　　），他的同桌今天也穿了件白衬衫。

2. 妈妈说,这条(　　　)又好看,又适合我。

3. 我今年又胖了,去年的(　　　)穿不上了,得买新裤子了。

4. 我喜欢戴这顶红色的(　　　)去海边照相。

5. 他的(　　　)丢了,什么也看不清楚。

6. 下雨了,我回家拿把(　　　),你在这儿等我。

7. 这个(　　　)太小了,我的衣服这么多,放不下。

8. 今天都十月一号了,这是昨天的(　　　)。

9. 我们看着(　　　)走,就能找到火车站了。

10. 我买了两张电影(　　　),想请你看电影。

## 活动 11　我请客

### 参考词语

果汁、苹果、葡萄、香蕉、西瓜、水、茶、牛奶、咖啡、啤酒、糖、蛋糕、菜、鸡蛋、面包、米饭、面条、羊肉、可乐

### 活动目的

通过活动,学生能够熟练掌握这些食物、饮料类的词语,掌握其读音和意义,避免张冠李戴。

### 活动准备

教师下载并准备好相关的活动页(见图 3-9),以便学生活动时填写。

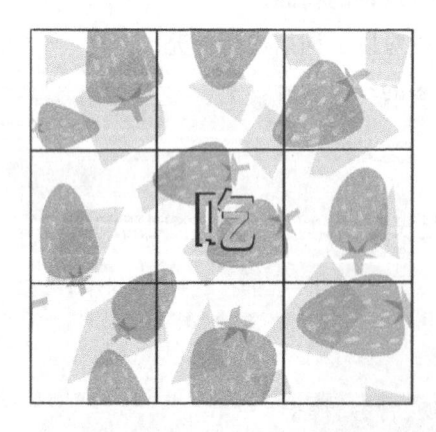

图 3-9　食物、饮品活动页

### 活动步骤

1. 教师将全班学生按四人一组,分成若干组。
2. 教师将活动页发给学生,请学生在十分钟之内将活动页按要求填满。
3. 活动页分两页,有九个格,除中间格外,请分别填写与"吃""喝"相关的词语。
4. 最少八个,多多益善,正面八空格填满后,多出的词语填写在背面。
5. 按要求在规定时间内完成词语多的一组获胜。

### 活动说明

在活动过程中,不可查字典,可以写拼音。

### 练　习

根据拼音连线。

| 果汁 | hē | 苹果 | píngguǒ |
| 茶 | chá | 羊肉 | pútao |
| 水 | shuǐ | 香蕉 | xiāngjiāo |
| 牛奶 | kāfēi | 葡萄 | xīguā |
| 咖啡 | niúnǎi | 西瓜 | táng |
| 啤酒 | kělè | 面条 | dàngāo |
| 可乐 | guǒzhī | 蛋糕 | cài |
| 汤 | tāng | 面包 | jīdàn |
| 苏打水 | xīguāzhī | 米饭 | miànbāo |
| 西瓜汁 | wēishìjì | 菜 | mǐfàn |
| 白酒 | sūdǎshuǐ | 鸡蛋 | miàntiáo |
| 威士忌 | báijiǔ | 糖 | yángròu |

## 活动 12　时间轴

### 参考词语

　　昨天、今天、明天、去年、今年、明年、刚才、过去、以后、以前、现在、最近、上午、中午、下午、晚上

## 活动目的

通过活动,学生能够更加清楚地掌握易混淆的时间名词,明确词语的读音、意义,以及时间的先后概念。

## 活动准备

教师提前打印、准备好学生需要在活动中完成的图片(见图3-10)。

## 活动步骤

1. 将全班学生分组,两人一组。
2. 将活动页贴在黑板上,学生根据时间轴填补生词。
3. 活动时间为五分钟,请学生与自己的同伴用所给的生词完成时间轴。
4. 用时最短且填写正确的一组获胜。

## 活动说明

活动过程中不可查阅手机和书,老师可先对相关词语进行复习,然后进行活动。

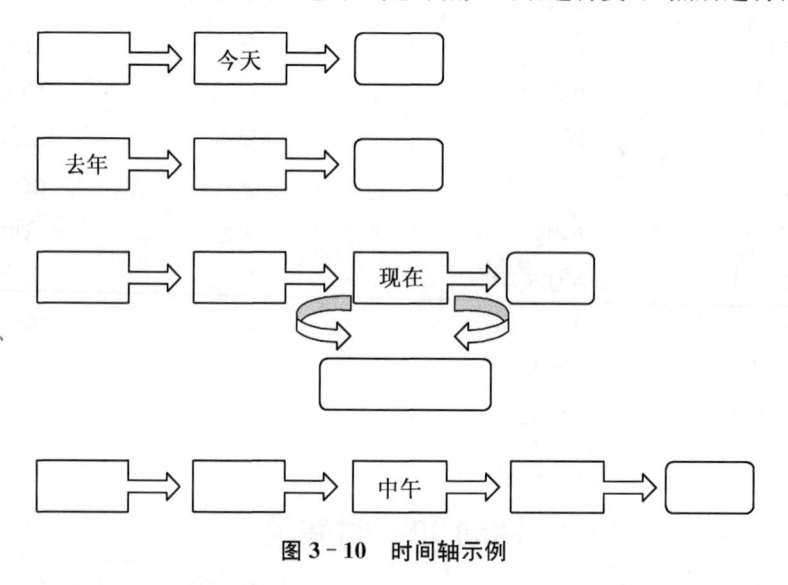

图3-10 时间轴示例

## 练习

选词填空。

最近、晚上、中午、以后、去年、刚才、早上、明天、现在、以前、今天、明年、过去

1. 我来中国(　　　),学过一年汉语。
2. 我已经工作了一年了,我是(　　　)毕业的。

3. (　　)爸爸的工作很忙,没有时间陪孩子。
4. 呀,已经八点了!我(　　)早上还得上班呢,快迟到了。
5. 今年考不上没关系,(　　)再考,好好复习,一定能考上。
6. (　　),我们只能坐火车回家,今年我们可以坐飞机回去了。
7. 我刚来北京的时候,吃住都不习惯,(　　)好多了。
8. 他(　　)还在这儿,现在不知道去哪儿了。
9. 他们结婚(　　),想在北京生活。
10. 如果(　　)不下雨,我们就去爬山。
11. 我明天(　　)八点有汉语课,要早起。
12. 我昨天睡得太晚了,今天(　　)想早点睡。
13. 已经十一点了,等会儿下了课,我们(　　)去食堂吃饭吧。

## 活动 13　生日快乐

### 参考词语

年、月、日、号、星期、生日

### 活动目的

通过活动,学生能够熟练掌握年、月、日的表达方法,能够快速、准确地用汉语表达出日期。

### 活动准备

教师复印好活动页,并提前收集好全班学生的生日信息。

### 活动步骤

1. 此活动为小组活动,学生按五人一组,分成若干组。
2. 教师分发活动页,在五分钟的时间内,小组成员互相询问生日,并将询问得到的信息填写在表格中(见表3-1)。
3. 教师可随意提问小组成员的生日,并与事先准备的生日信息作对比,学生答对计一分,答错则不计分。
4. 得分高的一组获胜。

表 3-1 学生生日信息表

| 姓名 | 生日(例:2000年12月28日) |
|---|---|
|  |  |
|  |  |
|  |  |
|  |  |
|  |  |

### 活动说明

教师可根据时间自行选择询问的人数,做到每组机会均等。

### 练　习

节日连线。

圣诞节　　　　　　　　6月1日

元旦　　　　　　　　　5月1日

劳动节　　　　　　　　11月1日

万圣节　　　　　　　　2月14日

情人节　　　　　　　　12月25日

儿童节　　　　　　　　1月1日

## 活动 14　天气预报

### 参考词语

季节:春天、夏天、秋天、冬天

天气:雪天、雨天、大风、晴天、阴天、多云

### 活动目的

通过活动,学生能够掌握与季节、天气相关词语的读音和意义。

### 活动准备

教师准备好与词语相关的图片(见图 3-11),打印两份,贴在黑板两边。

图 3-11　季节、天气示例图

## 活动步骤

1. 根据学生人数,每轮游戏两组同时进行,五人一组。
2. 学生依次向前,每个学生一分钟,根据图片,在图片下方写出相应的词语,并注音。
3. 每组游戏五分钟,写得多并准确的一组获胜。

## 练 习

连线。

| | |
|---|---|
| 雪天 | qiūtiān |
| 秋天 | chūntiān |
| 多云 | dàfēng |
| 春天 | duōyún |
| 大风 | xuětiān |
| 雨天 | yīntiān |
| 阴天 | yǔtiān |
| 夏天 | dōngtiān |
| 冬天 | xiàtiān |

## 活动 15　消消乐

### 参考词语

火车站、机场、汽车站、火车、飞机、公共汽车、出租车、地铁、自行车、船、*高铁、*码头

### 活动目的

通过活动，学生能够掌握与交通有关的词语，明确相关词语的读音和意义。

### 活动准备

教师根据学生数量和活动要求，下载和打印相关的词语卡片。

### 活动步骤

1. 四至五人一组，将学生分为若干组。
2. 教师打印相关的生词卡，并将其发给学生。
3. 学生按照某种相关性，将所给的词语每三个一组进行消除，如：火车、高铁、地铁。
4. 词语可重复，合理即可，每组活动时间十分钟。
5. 活动结束后，各组依次上前汇报，消除最多的一组获胜。

## 活动说明

1. 活动过程中不可查阅书和手机。
2. 汇报时需准确读出每个词,并说明可消除的理由。

## 练 习

选词填空。

地铁、汽车站、火车站、出租车、飞机、火车、船、机场、公共汽车、自行车

1. 这是新(　　　),有一个很大的候车室。
2. 这架飞机平安地降落在(　　　)的跑道上。
3. 我们学校旁边有一个公共(　　　)。
4. 坐汽车没有坐(　　　)快,从北京到上海坐高铁只要四个半小时。
5. 从(　　　)上往下看,可以看到这个城市的样子。
6. 这辆(　　　)过了红绿灯就要进站了,我们快点走吧。
7. 爱丽对(　　　)司机说:"师傅,我们去火车站。"
8. 小明的新家离(　　　)很近,走路只要十分钟。
9. 冬天太冷了,他不想骑(　　　)上学。
10. 我们得先去码头坐(　　　),才能到河的对面。

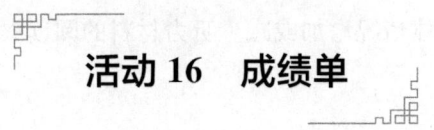

# 活动 16　成绩单

## 参考词语

数学、体育、音乐、汉语、历史、成绩、年级、考试、作业、汉语水平考试

## 活动目的

通过活动,学生复习并掌握与学科、学习相关的名词,明确相关词语的读音和意义。

## 活动准备

下载好相关活动页。

## 活动步骤

1. 教师读出下面听力材料,每句话读两遍。
2. 学生根据教师读的句子,选择正确的词语补全成绩单。

3. 教师根据学生的答案给分,根据上交作业的时间和准确程度排名,前五名给予奖励。

**听力材料:**

大家好,我叫爱丽,我已经是六年级的学生了,我今年期末考试的成绩还不错。我的数学成绩是 90 分,历史 93 分,音乐 91 分,汉语 95 分,我最喜欢体育课,我的体育成绩是 100 分。因为我今年做了很多题,写了很多作业,所以我通过了 HSK 三级的考试,得了 264 分,HSK 就是汉语水平考试,我可高兴了!

**设计参考**(见表 3-2):

表 3-2 爱丽的成绩单

A 数学　B 历史　C 体育　D 汉语水平考试　E 音乐

| 期末考试成绩单 |||||
| --- | --- | --- | --- | --- |
| 姓名:爱丽 || 班级:六年级三班 |||
| | | | | |
| 95 分 | 91 分 | 90 分 | 93 分 | 264 分 |

**活动说明**

教师可根据学生的具体情况增加或减少听力材料的阅读次数。

**练　习**

连线。

数学　　　　　hànyǔ
体育　　　　　tǐyù
音乐　　　　　shuǐpíng
历史　　　　　yīnyuè
汉语　　　　　shùxué
水平　　　　　lìshǐ
成绩　　　　　chéngjì
年级　　　　　tí
考试　　　　　kǎoshì
作业　　　　　niánjí
题　　　　　　kè
课　　　　　　zuòyè

## 第二节 动　词

动词是表示动作、行为、心理活动或存在变化等的词。动词有以下几种：动作动词,心理活动动词,存在、变化、消失动词,判断动词,能愿动词,趋向动词,形式动词,关系动词等。

### 活动 17　我做你猜

**参考词语**

走、站、坐、听、看、读、笑、哭、跑、吃、喝、穿、洗、写、说、回答、介绍

**活动目的**

通过活动,学生能够掌握有关动作行为的词语,对词语有更加生动的记忆,明确相关词语的读音和意义。

**活动准备**

打印相关词语卡片。

**活动步骤**

1. 对全班学生进行分组,五人一组。
2. 每组学生随意抽取五张生词卡片。
3. 每组选出一名表演的学生,教师给这名学生看抽取的生词卡片,学生看完后,表演卡片上的动作。
4. 表演的学生不能说话,同组的学生依次上前猜词语,猜对进行下一个词语的表演,猜得不对则下一名学生上前继续猜同一个动词。
5. 完成全部五个词语且用时少的一组获胜。

**练　习**

选词填空。
哭、走、站、吃、洗、写、画、回答、跑、听、说、笑、坐、读、介绍、穿、喝、看

1. 爱丽家离学校很近,她每天都(　　　)着去上学。

2. 她每天都坐地铁上班,人很多,没有座位,只能(　　)着。
3. 从北京到上海,(　　)飞机,两个小时就到了。
4. 妈妈打扫房间的时候,喜欢(　　)音乐。
5. 我们周末一起去(　　)电影吧。
6. 爸爸一边吃饭,一边(　　)报纸。
7. 她总是(　　)着跟客人说话。
8. 我的妹妹一岁了,她一饿就(　　)。
9. 我最喜欢(　　)番茄炒蛋。
10. (　　)了酒,不能开车,非常危险。
11. 爱丽今天(　　)了一件红色的裙子,真漂亮!
12. 他每个周日的下午,都会在家(　　)衣服,做饭。
13. 他(　　)完作业,就睡觉了。
14. 妈妈(　　):"感冒了,要多喝热水。"
15. 她每天都去公园跑步,你看她(　　)得那么轻松。
16. 大家好,我想给大家(　　)一下我的家乡。
17. 那位同学,你来(　　)一下这个问题。
18. 他从小就喜欢(　　)画,他的梦想是成为一名画家。

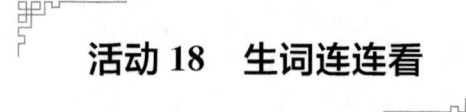

## 活动 18　生词连连看

### 参考词语

请、对不起、迟到、出现、休息、开始、准备、欢迎、没关系、结束、发现、检查、完成、迟到、刮风、下雨

### 活动目的

通过活动,学生复习、巩固需要掌握的动词,明确词语的读音和意义。

### 活动准备

打印相应的词语卡片,一式两份。

### 活动步骤

1. 教师将生词卡片进行洗牌。
2. 学生一次上前摸牌,并读出词语。

3. 学生将词卡依次向下排列,遇到相同的牌便可吃掉排列在这两个词中间的牌。

4. 学生需摸牌后准确读出生词,若读不出来,不能吃牌,只能作废,将牌放在牌底,游戏继续。

5. 所有词卡完成后,得到生词卡片数量最多的学生获胜。

### 练 习

(一) 选词填空。

出现、迟到、开始、休息、结束、完成、刮风、准备、检查、下雨

1. 今天开会,又有人(　　)了,经理很生气。
2. 他不是请假了吗? 怎么会(　　)在教室里。
3. 跑完步以后,同学们坐在树下(　　)。
4. 春天到了,草和树都(　　)变绿了。
5. 请大家认真(　　)试卷,不要忘记写名字。
6. 我(　　)了学校的作业以后,妈妈又给了我很多作业。
7. (　　)以后,我的帽子就找不到了。
8. 快(　　)了,我回宿舍拿把伞,你等我一会儿。
9. 考试一(　　),他就回宿舍休息了。
10. 明天天气好,我们(　　)去爬山。

(二) 连线。

1. 不客气,我们是邻居。　　　　　　A. 真是太谢谢你了。
2. 只是少了发现美的眼睛。　　　　　B. 没关系,我再买一本。
3. 对不起,我找不到你借给我的那本书了。　C. 欢迎欢迎,快请进。
4. 车来了,我得先走了,再见。　　　D. 再见,我们明天见。
5. 你请我来你家吃饭,我真高兴。　　E. 外面的天空很美。

## 活动 19　照镜子

### 参考词语

坐、站、开、关、穿、走、洗、找、接、玩、等

### 活动目的

通过活动,学生对需要掌握的动作行为进行复习、巩固,明确词语的读音和意义。

◎ 活动准备

教师提前到教室,腾出活动的空地。

◎ 活动步骤

1. 按五人一组,把学生分成若干组。
2. 每组并排站,每组依次进行,教师说一个词,动作错误的学生淘汰。
3. 每组五个词,淘汰最少的一组获胜。

◎ 练　习

选词填空。

穿、开、站、关、玩、接、走、坐、等、洗

1. 请你(　　)起来回答我的问题。
2. 你的个子太高了,我看不到前面了,你先(　　)下吧。
3. 你出门的时候,别忘了(　　)灯。
4. 妈妈,快(　　)门,我们回来了。
5. 你明天(　　)这条裙子吧,这条好看。
6. 他家离公司很近,他每天都(　　)着去上班。
7. 我妹妹来北京了,我要去火车站(　　)她。
8. 你别着急,我(　　)完衣服就帮你找眼镜。
9. 你别(　　)游戏了,都玩了一天了。
10. 你(　　)我一下,我去图书馆借本书。

## 活动 20　对对碰

◎ 参考词语

借、还、换、买、卖、给、带、花、送、用、拿、放、搬、住

◎ 活动目的

通过活动,学生学会辨析需要掌握的动词,明确词语的读音和意义,避免之后练习和使用中张冠李戴。

◎ 活动准备

教师提前准备好活动页,活动页分拼音和汉字两个部分。

## 活动步骤

1. 两至三人一组,将全班学生分成若干组。
2. 完成活动页上拼音和汉字的配对。
3. 完成的小组举手示意,教师将每个小组的用时标注在黑板上。
4. 所有小组完成后,请小组间相互交换。
5. 教师订正答案,各小组相互批阅,错一个加五秒钟。
6. 批阅后,用时最少的一组获胜。

## 练习

选词填空。

还、带、换、卖、买、送、放、用、拿、花、搬

1. 我们家上个月就(　　　)家了,不住在这儿了。
2. 我借给你的100块钱,你什么时候(　　　)?
3. 这件衣服太小了,我想(　　　)一件大的。
4. 昨天是我的生日,妈妈(　　　)给我一条新裤子。
5. 商店里的苹果,比超市(　　　)得贵。
6. 放假了,他想(　　　)孩子去北京旅游。
7. 这个手机是我(　　　)了3 000块钱买的。
8. 我(　　　)了一个西瓜,10块钱。
9. 请你(　　　)这个生词造句。
10. 他(　　　)走了我的咖啡。
11. 天太热了,牛奶要(　　　)在冰箱里面。

# 活动 21　组字成词

## 参考词语

帮助、复习、解决、了解、照顾、表示、举行、提高、选择、练习、学习、变化

## 活动目的

通过活动,学生对需要掌握但比较抽象的动词进行复习、巩固,多做一些练习,记忆这些词语的读音和意义。

◎ **活动准备**

根据小组数量,教师准备好相应的词语卡片,并将每个词语剪开变成单个生字,每组一份。

◎ **活动步骤**

1. 将全班学生分组,三至四人一组。
2. 教师将打印好并提前打乱顺序的字卡分给每组学生。
3. 学生将打乱的字卡组词,两个字组成一个词。
4. 速度最快、最准确的一组获胜。

◎ **练　习**

选词填空。

练习、照顾、了解、选择、帮助、复习、学习、表示、变化、解决、提高、举行

1. 王阿姨是个热心的人,经常(　　　)别人。
2. 快要考试了,同学们都在抓紧时间(　　　)。
3. 我们要学会(　　　)问题的方法。
4. 我太(　　　)他了,最喜欢吃苹果。
5. 我今天要开会,请你(　　　)一下我的孩子们。
6. 红灯(　　　)我们得停下来,等到灯变绿了才能走。
7. 明天下午,在学校操场上(　　　)足球比赛。
8. 每天看一个小时中文电影,汉语水平会(　　　)得很快。
9. 他收到北京和上海通知以后,(　　　)在北京工作。
10. 你(　　　)得越多,汉语说得越好。
11. 你(　　　)了这篇文章以后,有什么想法?
12. 这几年,我的家乡(　　　)很大。

## 活动 22　读心术

◎ **参考词语**

喜欢、爱、想、害怕、疼、满意、担心、相信、放心、生气

## 活动目的

通过活动,学生可以复习并掌握与心理活动相关的动词,对词语有更加深刻、生动的记忆,明确词语的读音和意义。

## 活动准备

准备好相关的词语卡片。

## 活动步骤

1. 五人一组,将全班学生分为若干组。
2. 小组的第一个学生面向教师,其余小组成员面向后面。
3. 教师给每一个小组的第一个学生看卡片上的内容。
4. 第一个学生确认后,不能说话,用动作、表情传给下一个学生,依次往后。
5. 最后一个学生说出答案。
6. 用时最少且答案正确的一组获胜。

## 活动说明

第一个学生若不认识卡片上的词语,有两次换词的机会。

## 练习

选词填空。
爱、放心、害怕、喜欢、满意、生气、想、疼、担心、相信

1. 我(　　)吃草莓,更喜欢吃苹果。
2. 爸爸妈妈(　　)我,我也爱他们。
3. 我觉得29楼太高了,往下看的时候,我都(　　)。
4. 因为今天爱丽头(　　),所以没来上课。
5. 我对这家饭店的服务非常(　　)。
6. 只要努力复习,我(　　)我下次一定能考好。
7. 我在中国吃得好,睡得好,妈妈你(　　)。
8. 我已经三年没回家了,我(　　)回家看看。
9. 你别(　　),这次一定能通过HSK三级。
10. 他每天都迟到,老师很(　　)。

## 活动 23　我知道

**参考词语**

以为、觉得、认识、记得、忘记、知道、决定、认为、打算、需要

**活动目的**

通过活动,学生对要求掌握的比较抽象和易混淆的心理动词进行复习与巩固,并记忆词语的读音和意义。

**活动准备**

准备好相关的词语卡片。

**活动步骤**

1. 将全班学生按六人一组分为若干组。
2. 将打乱的生词卡、意义卡和拼音卡分别发给每一组。
3. 小组内成员合作,将生词的拼音、意义和相应的汉字配对,然后交给教师。
4. 正确的积分,错误的打回重新匹配。
5. 活动时间为十分钟,完成最多的一组获胜。

**活动说明**

每组匹配错误超过三次,则淘汰,请每组学生谨慎匹配。

**知识拓展**

**词语辨析**:以为、认为

**相同点**:

都是一个人对一件事情或事物的看法。

例如:我以为/认为,他是我们班的第一名。

**不同点**:

认为:多指作出慎重或正面的判断,语气更加肯定,对象可以是重大的事物,也可以是一般的事物。

例如:我认为,每个人都要对自己的决定负责。

以为:多指作出一般的判断,语气不够肯定,这个判断或是与事实不符合的推断(或估

计、猜想),对象多半是一般的事物,常常跟自己有关。

例如:我以为他已经来了。(事实是没有来。)

### 练　习

选词填空。

忘记、认识、以为、打算、觉得、记得、需要、决定、知道、认为

1. 经过讨论,大家都(　　　),爱丽才是我们班的第一名。
2. 不好意思,我(　　)他是你的男朋友呢。
3. 今天天气真好,我(　　)我们应该早点起床。
4. 我不知道他是谁,我不(　　)他。
5. 我(　　)我小时候在这家饭馆吃过饭,这么多年了,这儿没变。
6. 我是你的小学同学,你怎么能(　　)我呢?
7. 这是一家新书店,(　　)的人不多。
8. 他大学毕业后,(　　)去北京找工作。
9. 你要是(　　)学这个专业,不管多难都不要放弃。
10. 你一个人在外地工作,有时候(　　)朋友的帮助。

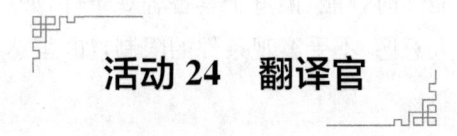

## 活动 24　翻译官

### 参考词语

会、能、可以、要、可能、应该、愿意、敢

### 活动目的

通过活动,学生对要求掌握的易混淆的情态动词进行复习和巩固,并记忆词语的读音和意义。

### 活动准备

教师提前准备好活动需要的词语的英语翻译,活动开始前用五分钟的时间,让学生复习学过的情态动词。

### 活动步骤

1. 按四人一组,将全班学生分成若干组。
2. 教师将"我(　　)去北京学汉语"这句话写在黑板上,并留出空格。

3. 将词语的英语翻译,填写在括号中,每组学生进行抢答与之对应的词语。
4. 答对最多的那一组获胜。

## 活动说明

1. 为了避免一直是同一个学生回答,每个学生最多有两次回答的机会。
2. 此题中,"能""可以"都算正确。

## 知识拓展

**词语辨析:能、会**

"能"和"会"在表达能力时,既有相同之处,也有不同之处;当表示某人通过学习获得某种技能,或具有某种能力时,既可以用"能"也可以用"会";

**不同之处在于:**

1. "能"在表示能力时偏重客观的时间、长度;"会"更偏重于做某事的技巧。
2. 若要表达"某人的能力达到了一定的程度或水平"只能用"能"。如"他能通过 HSK 六级"。
3. 若要表达"某种能力得以恢复"时,只能用"能"。如"他的腿好了,明天能去打篮球了"。

"能"和"会"在表达可能性时,"能"偏重于具备客观条件,如"我认识李老师,能帮你找到他";"会"则更偏向于个人意愿,不受客观条件的限制,如"虽然我不认识李老师,但是我会帮你找到他"。

## 练 习

连线。

1. 你会说汉语吗?
2. 不一定,我的腿受伤了,还没有好。
3. 我可以问你一个问题吗?
4. 真的吗?那太好了!
5. 你晚上敢一个人睡觉吗?
6. 我愿意。
7. 你应该在秋天的时候去北京。
8. 经理明天在公司吗?

A. 明天能参加比赛吗?
B. 我要去北京上学了。
C. 北方的冬天太冷了。
D. 会一点,我才学了两个月。
E. 可能不在,他昨天去上海开会了,不知道什么时候回来。
F. 你愿意和我结婚吗?
G. 你问吧,我知道的话一定告诉你。
H. 不行,我怕黑。

## 活动 25　摘苹果

### 参考词语

唱歌、跑步、跳舞、游泳、打扫、刷牙、洗脸、爬山、洗澡、踢足球、睡觉、起床、打篮球、打电话、锻炼、上网、上班、上学、旅游、结婚

### 活动目的

通过活动，学生能够熟悉并掌握生活中常用的动词短语，复习、巩固相关词语，明确这些动词短语的读音和意义。

### 活动准备

教师准备相应的动作词语卡片，提前将苹果树贴在黑板上(见图3-12)。

图3-12　词语苹果树

◎ 活动步骤

1. 四至五人一组,将全班学生分为若干组。
2. 教师随意挑选五个动词短语,并把它们贴在苹果树上。
3. 活动以小组为单位,每组学生依次上前,摘下一张生词卡,并读出摘下的词语。
4. 读对算通过,词语卡片放在一边,读错的词语则要重新挂回苹果树。该学生排在队尾等候继续完成任务。下一个学生开始读词。
5. 每个学生一次摘一个苹果,正确完成任务,教师停止计时。
6. 用时最少的一组获胜。

◎ 活动说明

游戏过程中,不可以查字典,也不可以交头接耳。

◎ 练　习

连线。

1. 你喜欢打篮球吗?　　　　　　A. 不太喜欢,我喜欢踢足球。
2. 我每天早上七点开始跑步。　　B. 班里的同学都很喜欢她。
3. 妈妈说,先刷牙,再洗脸。　　　C. 那当然了,妈妈每天都会打扫。
4. 今天地铁里的人可真多!　　　D. 你别上网了,快回家吧。
5. 爸爸打电话让你快回去。　　　E. 我觉得每个人的习惯都不一样,我就先洗脸。
6. 今天是周末,不用早起。　　　F. 你太胖了,要开始减肥了。
7. 你得每天锻炼一个小时。　　　G. 今天是周一,上班、上学的人很多。
8. 房间可真干净。　　　　　　　H. 跑一个小时,八点回宿舍洗澡。
9. 她已经学习了五年了。　　　　I. 别睡了,都八点了,你怎么还不起床?
10. 她又会唱歌,又会写歌。　　　J. 小红跳舞跳得好看极了。

# 第三节　形容词

形容词表示形状、性质和状态等,分以下两类:性质形容词和状态形容词。性质形容词单纯表示性质,状态形容词所表示的性质有量的成分,即表示程度加深,有较浓的主观评价的意味,是一种生动形式所表现出的状态。

## 活动 26　投色子

### 参考词语

红、白、绿、黄、蓝、黑

### 活动目的

通过活动,学生能够掌握描述颜色的形容词,复习、巩固相关词语,明确词语的读音和意义。

### 活动准备

教师下载、打印下图(见图 3-13),将色子提前做好。

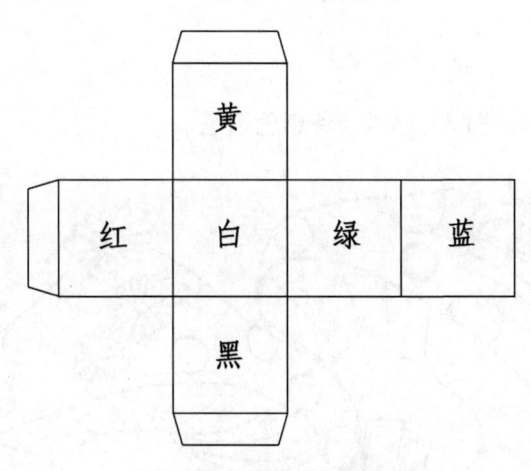

图 3-13　颜色色子示例图

### 活动步骤

1. 按每组四人,将全班学生分成若干组。
2. 每组上前一人,教师在讲桌上掷一个色子。
3. 色子停止滚动后,学生快速说出朝上一面的颜色。
4. 最快说出且说对的,给小组积一分。
5. 六个面的颜色都出现后,游戏停止。
6. 最高分的一组获胜。

### 活动说明

游戏最多进行十组,若六组后还有颜色没有出现,则游戏停止。

## 活动 27　画房子

### 参考词语

红、白、绿、黄、蓝、黑

### 活动目的

通过较为生动有趣的活动,学生巩固和复习与颜色相关的形容词,认读词语的汉字及明确词语意义。

### 活动准备

下载、打印活动页(见图 3-14),准备彩色铅笔。

图 3-14　蘑菇房子

### 活动步骤

1. 按四人一组,将学生分为若干组。

2. 用喜欢的颜色给图画着色,并写出颜色对应的汉字。
3. 活动时间为十分钟。
4. 完成后,请组员举手示意。
5. 教师给出原画进行订正,完成最快、出错最少的一组获胜。

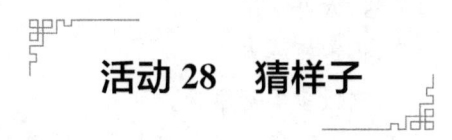

## 活动 28　猜样子

### 参考词语

饱、冷、快乐、高兴、晴、大、长、低、矮、胖、快、远、好、新、贵、老、难、担心

### 活动目的

通过活动,学生运用联想的方法,拓展思路,复习和巩固与性质相关的形容词,明确词语的读音和意义。

### 活动准备

准备相关的词语卡片。

### 活动步骤

1. 按五人一组,将学生分为若干组。
2. 按组依次进行,第一个学生上台翻开一张词语卡片。
3. 可以用汉语或英语、手势、表情等,对词语进行描述,但是不能直接说出词语。
4. 其余学生根据描述猜词。
5. 若本组成员猜到算一分,其他组成员猜到算两分。
6. 活动结束后,得分最高的一组获胜。

### 活动说明

1. 上台描述的学生不要让其他同学看到自己的词语。
2. 每个学生有一次换卡的机会,若换卡后还是说不出,则该生所在的那组扣一分。

### 练　习

(一) 选词填空。

快乐、饱、胖、冷、晴、高兴、长、低、大

1. 你多穿点衣服,今天下雪了,外面特别(　　　)。

2. 我今天中午吃得太（　　）了，想出去走走。

3. 今天是您的生日，祝您生日（　　）！

4. 妈妈给了我一只小狗，我（　　）极了！

5. 天气预报说，今天是（　　）天，我们去游泳吧。

6. 这个苹果又（　　）又甜，太好吃了。

7. 这条裤子太（　　）了，得剪短一点。

8. 这个桌子这么（　　），吃饭多不舒服呀。

9. 妹妹觉得自己最近（　　）了，每天晚上都去跑步减肥。

（二）连线。

1. 我们去爬山吧　　　　　　　A. 哥哥一米八，弟弟一米七
2. 我跟你爸爸是老朋友了　　　B. 我们得跑着去教室了
3. 弟弟比哥哥矮　　　　　　　C. 但是可以坐高铁，很方便
4. 虽然北京离上海很远　　　　D. 今天的天气真好
5. 今天的考试太难了　　　　　E. 是我们班的新同学
6. 这件衣服太贵了　　　　　　F. 我们再去看看别的吧
7. 快迟到了　　　　　　　　　G. 我们俩十几年前就认识了
8. 这是爱丽　　　　　　　　　H. 我一道题都不会做
9. 我已经长大了　　　　　　　I. 妈妈，不要担心

## 活动 29　反义匹配

### 参考词语

饿、热、难过、阴、小、短、高、瘦、慢、近、坏、旧、便宜、容易、放心、年轻

### 活动目的

通过活动，教师帮助学生复习和巩固相关的形容词的读音和意义，并按正反意思将其两两配对，方便学生记忆。

### 活动准备

教师下载、打印相应的生词卡片，将词语卡片做成黄、绿两种颜色，避免计分时两组混淆。

### 活动步骤

1. 将学生分为两组。

2. 将以上词语卡片打乱,按颜色不同,平均分给两组学生。
3. 学生找到与表格中词语意思相反的词,并将其贴在对应的空格里。
4. 活动开始后计时,词语贴完后学生举手示意,计时完成。
5. 教师逐一订正,错一个词语加两秒。
6. 统计后,用时最少的一组获胜。

## 练 习

(一)选词填空。

瘦、高、饿、阴、慢、小、热、难过、短

1. 我已经一天没吃饭了,我太(　　)了。
2. 今天太(　　)了,我们把空调打开吧。
3. 这个不好的消息让他很(　　)。
4. 这个星期一直是(　　)天,今天太阳终于出来了。
5. 我上学早,是我们班年龄最(　　)的学生。
6. 这支粉笔太(　　)了,换一支吧。
7. 这栋大楼有300多米,是这个城市最(　　)的建筑。
8. 我哥哥一米八,体重还不到一百二,太(　　)了。
9. 这是你第一次开车,别着急,(　　)点儿开,注意安全。

(二)连线。

1. 要多读、多听、多说　　　A. 离公司很近,走七八分钟就到了
2. 比上个月便宜多了　　　　B. 赶紧找人来修一修吧
3. 放心吧,我送她回去　　　C. 这个手机现在卖三千多块钱
4. 虽然张老师很年轻　　　　D. 学好汉语不是一件容易的事儿
5. 我上个星期搬家了　　　　E. 我的这些衣服都旧了
6. 我想买一件新衣服　　　　F. 太晚了,你别一个人回去
7. 家里的电脑坏了　　　　　G. 但是课上得特别好,学生们都很喜欢她

## 活动 30　考眼力

### 参考词语

好吃、甜、忙、累、舒服、清楚、着急、认真、聪明、安静、简单、健康、重要、渴、奇怪、突然、小心、努力、方便、漂亮、干净、可爱、主要、新鲜、有名

## 活动目的

通过活动,教师帮助学生复习和巩固需要掌握的形容词,明确词语的读音和意义。

## 活动准备

准备相关生词卡片,词语按红、绿不同颜色打印两份。

## 活动步骤

1. 将学生分为两组。
2. 教师提前将黑板划分为三个部分,分别标上褒义词、贬义词、中性词。再将不同颜色的生词卡片按组各分给一组学生。
3. 活动开始,学生按褒义词、贬义词、中性词,将以上词语分类。
4. 然后将手中的生词卡片贴在各自的区域内。
5. 完成后,教师对词语进行评价。
6. 活动时间为十分钟,贴得多的一组获胜。

## 活动说明

因各国文化差异,词语的感情色彩会存在差异性,出现异议时,若学生可以根据本国文化进行解释,言之有理即可算对。

## 练 习

(一)选词填空。

清楚、舒服、重要、简单、甜、认真、聪明、忙、安静、累、健康、着急、好吃

1. 这就是北京烤鸭?真是太(　　　)了。
2. 你要是(　　　)了,就先喝点儿水,休息一会儿。
3. 这个西瓜看起来不大,但是特别(　　　)。
4. 爸爸最近工作特别(　　　),星期六还要去公司上班。
5. 躺在新买的沙发上,(　　　)极了!
6. 黑板上的字你能看(　　　)吗?
7. 他很(　　　),因为这些事情不好解决。
8. 写作业的时候要(　　　),不要马马虎虎的。
9. 我有一个活泼、可爱、(　　　)的妹妹。
10. 在图书馆的时候请保持(　　　)。
11. 这次考试很(　　　),我考了100分。
12. 多锻炼对我们的身体(　　　)有好处。

13. 今天的会议很（　　　），请大家按时参加。

（二）连线。

1. 地很滑，走路的时候要小心　　　A. 刚才还是晴天呢，现在又下起大雨了
2. 希望你继续努力　　　　　　　　B. 妈妈刚打扫完卫生
3. 超市里的水果看起来真新鲜　　　C. 不断取得成功
4. 我们星期六去动物园玩吧　　　　D. 我最喜欢可爱的小动物了
5. 今天的天气真奇怪　　　　　　　E. 我们多买一些吧

## 第四节　代　词

代词能起代替和指示作用。它跟所代替、所指示的语言单位的语法功能大致相当，就是说，所代替的词语能作什么句法成分，代词就作什么成分。如果按句法功能划分，代词可以分为代名词、代谓词、代数词、代副词。

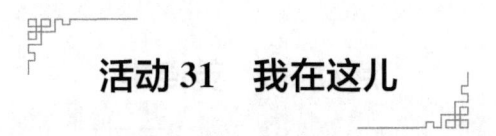

### 活动 31　我在这儿

**参考词语**

我、你、他、她、我们、你们、他们、她们、您、它、它们、大家、自己

**活动目的**

通过活动，教师帮助学生复习和巩固需要掌握的人称代词，通过生动的表演，让学生明确词语的读音和意义。

**活动准备**

准备好词语卡片，腾出活动的空地。

**活动步骤**

1. 按五人一组，将全班学生分成若干组。
2. 一个学生上前抽取一张词语卡片，不说话，通过手势或挪动组内其他同学给出提示。
3. 同组的其他同学根据提示猜词语，答对积一分，每组依次进行。
4. 若同组的一分钟内没有猜对，其他组有抢答机会，若答对，得双倍积分。

5. 活动结束后,积分最高的一组获胜。

### 练习

选词填空。

她、您、他、我、它、大家、你、她们、我们、你们

1. (　　　)想向大家介绍一下自己,我叫爱丽。
2. 虽然我对你要求很严格,但都是为了(　　　)好。
3. 姚明是著名的篮球明星,(　　　)的身高有2.26米。
4. 明天是你妈妈的生日,祝(　　　)生日快乐。
5. 今天下课早,(　　　)去食堂吃饭吧。
6. 请(　　　)仔细听讲,积极发言和提问。
7. (　　　)歇一会儿,让我们接着干。
8. 姑娘们把(　　　)的头发剪成了短发。
9. 老师,祝(　　　)新年快乐,顺顺利利,开开心心。
10. 这杯牛奶你喝了(　　　)。

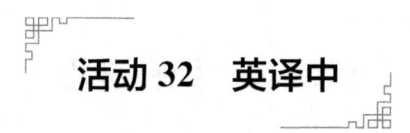

## 活动32　英译中

### 参考词语

谁、哪(哪儿)、什么、多少、几、怎么、怎么样、为什么

### 活动目的

通过游戏,教师帮助学生复习和巩固疑问代词,在明确词语读音和意义的基础上,结合日常的疑问句,活学活用。

### 活动准备

准备相应的词语卡片。

### 活动步骤

1. 按四人一组,将全班学生分为若干组。
2. 把词语平均分成两组,每组四个词,分给两个相邻的组。
3. 小组讨论五分钟,根据词语的意义,用英语写一个简单的句子。
4. 所有组完成后,相邻的两组交换卡片,十分钟内将邻组的英语句子翻译成汉语,完

成后举手示意。

5. 每组学生依次站起来分享翻译的句子，教师判断对错。

### 练　习

连线。

| | |
|---|---|
| 1. 今天的天气怎么样 | A. 这是谁的房间 |
| 2. 这是我的房间 | B. 我们想去长城 |
| 3. 一斤香蕉5块钱 | C. 你叫什么名字 |
| 4. 我叫爱丽 | D. 一斤香蕉多少钱 |
| 5. 你今天怎么迟到了 | E. 经理，对不起，我起晚了 |
| 6. 你们周末想去哪儿玩 | F. 晴转多云，没有雨 |
| 7. 对不起，我忘了今天有课 | G. 你为什么今天没有来上课 |
| 8. 你知道今天星期几吗 | H. 今天星期二 |

## 第五节　数　词

数词表示数目或次序，分基数词和序数词。基数词表示数目的多少，可分为系数词和位数词，汉语计数是十进制，满十进位，基数词可以组成表示倍数、小数、分数、概数的短语；序数词表示次序前后，一般由基数前加前缀"第"或"初"组成。

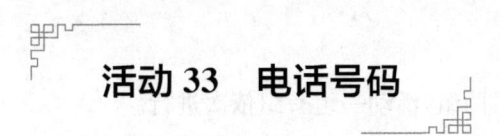

### 活动33　电话号码

#### 参考词语

一、二、三、四、五、六、七、八、九、十、零

#### 活动目的

通过活动，教师帮助学生复习和巩固数字的读音和意义。

#### 活动准备

教师提前询问学生的电话号码，统计完毕后裁成纸条。

### 活动步骤

1. 两人一组,将全班学生分成若干组。
2. 将全班学生的电话号码打乱以后随机发给全班,每人一个号码。
3. 同组的两人上前,一人读电话号码,一人将号码写在黑板上,其他组的同学写在自己的稿纸上。
4. 号码写在黑板上以后,教师随意抽取两个学生,判断黑板上号码的对错并订正。

## 活动 34  百千万

### 参考词语

百、千、万、一、二(两)、三、四、五、六、七、八、九、十

### 活动目的

教师帮助学生复习、巩固汉语数字的读音和意义。

### 活动准备

随机准备三位数、四位数、五位数。

### 活动步骤

1. 将全班学生分成两组,活动一组一组依次进行。
2. 老师随意给出数字,每组学生从前往后依次用汉语准确并快速读出教师所给的数字。
3. 教师分别计时。
4. 用时最短的一组获胜。

# 第六节  量  词

量词表示计算单位,可分为名量词和动量词两大类。名量词表示人和事物的计算单位,如"一个人";动量词表示动作次数和发生的时间总量,如"看三次""看三天"。

## 活动 35  量词匹配

### 参考词语

个、本、块、件、张、层、口、双、碗、位、种、次

### 复习词语

苹果、书、蛋糕、衣服、报纸、楼、米饭、筷子、面条、同学、西瓜

### 活动目的

通过活动,教师帮助学生掌握常用量词的读音和意义,并与常用的名词进行匹配。

### 活动准备

准备相应的量词、名词卡片。

### 活动步骤

1. 五人一组,将全班学生分成若干组。
2. 将名词和量词打乱发给每组学生。
3. 计时开始后,小组讨论,对名词和量词进行匹配,匹配好记录在稿纸上,量词和名词可重复使用。
4. 完成后举手示意,教师分别计时。
5. 教师对每组的答案进行订正,搭配错误加三秒。
6. 统计后,用时最少且搭配最多的一组获胜。

### 练习

选词填空。

件、张、个、层、口、双、次、碗、块、种、本、位

1. 明天是妈妈的生日,我想送她一(　　　)礼物。
2. 我昨天去书店买了三(　　　)书。
3. 你今天吃了几(　　　)蛋糕?
4. 天冷了,你多穿(　　　)衣服再出门。
5. 你好,我要买三(　　　)去北京的火车票。
6. 爱丽,你家住几(　　　)?

7. 你怎么这么忙,喝(　　　)水的时间都没有。
8. 服务员,我们这儿还差一(　　　)筷子。
9. 我今天中午吃了三(　　　)米饭,现在什么都不想吃。
10. 先生您好,您几(　　　)?
11. 这(　　　)牛奶特别好喝,你要不要尝尝?
12. 我们每周上三(　　　)汉语课。

## 第七节　副　词

副词限制、修饰动词和形容词性词语,表示程度、范围、时间等意义,分为以下八种:表示程度,表示范围,表示时间,表示处所,表示肯定、否定,表示方式、情态,表示语气,表示关联。

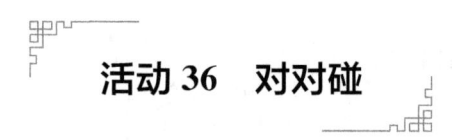

### 活动 36　对对碰

**参考词语**

不、没、别、一定、必须、很、太、非常、最、更、特别、多么(多)、极

**活动目的**

通过活动,教师帮助学生复习和巩固常用的副词,明确读音和意义。

**活动准备**

准备好两份词语卡片。

**活动步骤**

1. 将全班学生分成两组,黑板划分为两个部分。
2. 将词语卡片贴在黑板上。
3. 两组学生依次上前,找出与词语卡相对应的拼音卡片,并将拼音卡片贴在词语卡片下方。
4. 生词全部贴完后,教师检查订正,错一个加三秒。
5. 统计后,用时短的一组获胜。

### 练 习

连线。

1. 经理没去北京      A. 您再往前开一点吧
2. 你今天晚上必须把作业写完      B. 他在办公室等你呢
3. 我很喜欢北京      C. 医生说您要多喝点水
4. 太好了      D. 我下个月结婚,邀请你参加我们的婚礼
5. 您别喝酒了,对身体不好      E. 明天早上八点上课就要检查
6. 我更喜欢夏天      F. 北京非常漂亮
7. 你看,这只小狗多可爱呀      G. 我终于通过 HSK 五级考试了
8. 您好,这个地方不能停车      H. 你喜欢春天还是夏天
9. 这家饭店的菜做得好极了      I. 这是你的小狗吗
10. 你放心,我一定去      J. 那当然了,这是我最喜欢的一家饭馆

## 活动 37 比记忆

### 参考词语

都、一起、一共、只、再、又、经常、也、还、真、终于、其实、当然、正在、已经、就、先、才、一直、总是、马上

### 活动目的

通过活动,教师帮助学生复习和巩固常用的副词,明确词语的读音和意义。

### 活动准备

准备相应的词语卡片。

### 活动步骤

1. 四人一组,将全班学生分成若干组。
2. 教师先出示词语,带着大家一起复习一遍。
3. 将词语卡片打乱顺序,出示词语,学生抢答,先读出教师手中的词语,并说出词语的意义。
4. 若抢答时没有明显的先后,同时答出,则同时积一分。
5. 积分最多的一组获胜。

## 练 习

（一）选词填空。

又、一起、都、只、一共、真、还、再、也、经常

1. 我们班的同学除了你以外,（　　　）参加了这次的活动。
2. 我们（　　　）去黄山看日出吧。
3. 我要三斤苹果,一个西瓜,（　　　）多少钱?
4. 我今天什么饮料也不想喝,（　　　）想喝水。
5. 你要是觉得这个蛋糕好吃,就（　　　）吃一个吧。
6. 我今天（　　　）去图书馆借了一本书。
7. 小明喜欢听音乐,（　　　）喜欢看电视。
8. 我们吃完晚饭（　　　）去那个公园散步。
9. 我已经吃了两碗饭了,（　　　）想再吃一碗。
10. 今天晚上的月亮（　　　）圆啊!

（二）连线。

1. 是啊,我们明天终于可以放假了　　　A. 他有时候也会帮助我们
2. 他其实是一个很热心的人　　　　　B. 太好了! 明天中秋节,我们已经十几天没有休息了
3. 她一下课就去火车站了吗
4. 不管天气有多冷　　　　　　　　　C. 我们先去食堂吃饭吧
5. 爱丽正在考试呢,来不了了　　　　D. 他总是会来教室接她
　　　　　　　　　　　　　　　　　E. 当然了,她妈妈马上就到北京了

## 第八节　连　词

连词起连接作用,连接词、短语、分句和句子等,表示并列、选择、递进、转折、条件、因果等关系。

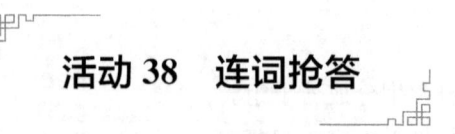

### 活动 38　连词抢答

**参考词语**

和、而且、然后、如果、一边、或者、还是、因为……所以、虽然……但是

## 活动目的

通过活动,教师帮助学生复习常用的连词,明确词语的读音和意义,避免做题时张冠李戴。

## 活动准备

准备好相应的词语卡片。

## 活动步骤

1. 将学生平均分成两组。
2. 教师出示词语卡片,学生先准确读出卡片上的词语,然后用所给词语造句。
3. 计时开始后,学生依次回答,读出词语并准确造句。
4. 读出所有词语并准确造句,用时最少的一组获胜。

## 知识拓展

**词语辨析**:或者、还是

"或者""还是"都可以表示选择,但是用法不同。

"或者"只适用于叙述、说明具有两项以上可供选择的情况或条件的叙述句;

例如:学校很近,我坐车去,或者骑自行车去,都行。

"还是"则主要用于问句,让对方在两个或两个以上的选项中选择一项。

例如:学校很近,你想骑自行车去还是坐车去?

## 练　习

选词填空。

如果、或者、和、所以、但是、一边、还是、然后

1. 因为今天起晚了,(　　　)没赶上地铁,迟到了。
2. 他(　　　)姐姐去上海旅游了。
3. 我每天早上先刷牙,(　　　)洗脸、吃早饭。
4. (　　　)明天晚上有时间,我们就去看电影。
5. 他(　　　)看书,一边听音乐。
6. 你喜欢红色的裙子(　　　)黄色的?
7. 周末我经常在家里写作业,(　　　)去找邻居家的小朋友玩。
8. 虽然北京的冬天很美,(　　　)太冷了。

# 第四章

## 语法学习活动

语法教学一直以来都是对外汉语教学的重点和难点。语法是语言组合的规律与法则,对外汉语语法教学的目的是使得第二语言和外语学习者掌握语言的组合规律、规则,提高理解语言和运用语言的能力。

本章内容遵循《HSK考试大纲:三级》,将大纲所要求的语言点进行分类,以游戏活动为载体,采取不同的游戏形式,设计具备多样性、趣味性、实用性的活动,并辅之替换练习、组词成句、画线提问、交际练习,进行有效的语法训练,提高学生的汉语表达水平。

每个活动围绕两个语法点进行。通过在活动过程中的反复操练,学生能够逐步掌握每个语言点的基本结构和表达方式。通过活动,枯燥的语法变得更加生活化,更有趣味性。以生活情景为依托的活动,更能提高学生自主学习的能力。

每个活动之后的辅助练习,通过模拟考题的形式,对每个语言点进行巩固并对学生的掌握程度进行有效检测,让学生更好地熟悉语言点在实际考试中的考察方式,有助于学生更好地查漏补缺。

## 第一节 疑问句

提出问题、具有疑问语气的句子叫疑问句。疑问句句末用问号。提问的手段,有语调、疑问代词、语气副词、语气词或疑问格式("V不V"等),有时只用一种手段,有时兼用两三种。其中句调是不可或缺的。疑问句根据提问的手段和语义情况,可以分为四类:是非问、特指问、选择问、正反问。

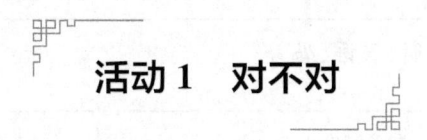

### 活动1 对不对

是非问句是指回答时用肯定或者否定形式回答,即可以用"是"或者"不是"来回答;也可以用"v./adj.""不+v./不+adj."。

例如:1. 你是爱丽吗? 答:我是爱丽。(或我不是爱丽。)
2. 今天天气热不热? 答:热。(或不热。)
3. 你去北京吗? 答:去。(或不去。)

◎ 活动目的

通过活动,教师帮助学生熟悉是非疑问句的句型。

◎ 活动准备

活动可在室外进行或提前腾出教室的空地。

## 活动步骤

1. 全班学生围成一个圆。
2. 一分钟时间准备,每个人准备一个是非疑问句。
3. 教师先问,如"你是爱丽吗?""今天天气热不热?"第一个学生用"是""不是"或"v./adj.""不+v./不+adj."选择一个符合实际的答案进行回答。
4. 第一个学生完成后,用自己准备好的问题问下一个同学,这样依次询问和回答。
5. 提问和回答时,犹豫的学生被淘汰,最后留下的三个学生获胜。

## 练 习

组词成句。

1. 都、留学生、你们、是、吗
   _____

2. 去、吗、你、北京、过
   _____

3. 觉得、你、难、汉语、吗
   _____

4. 喜欢、你、吃、吗、西瓜
   _____

5. 下雨、昨天、吗、了
   _____

6. 是、他、的、老师、你们、汉语、吗
   _____

7. 借、可以、你、我、给、看看、吗
   _____

8. 吗、你、狗、害怕
   _____

9. 美、北京、冬天、的、吗
   _____

10. 爱丽、你、吗、是、的、丈夫
    _____

## 活动 2　快速提问

特殊疑问句的语序与陈述句相同,把特殊疑问词放在需要提问的位置上,常用的特殊疑问词有:谁、哪、什么、多少、几、怎么、怎么样、为什么、多+adj.。"多大"用来询问年龄时,主要是问小孩或者年长者问年轻人,年轻人之间互问也可以;一般用"几岁"来问小孩的年龄;如果要问长辈年龄,一般用"多大年纪/多大年龄/高寿"等询问,比较有礼貌。

### 活动目的

通过活动,教师帮助学生复习和巩固特殊疑问句,熟练运用特殊疑问词造句。

### 活动准备

下载、打印下列表格(见表 4-1)。

表 4-1　句型转换表

| 陈述句 | 特殊疑问句 |
| --- | --- |
| 我今年22岁。 | |
| 经理去上海开会。 | |
| 我叫爱丽。 | |
| 桌上有5本书。 | |
| 我坐飞机去北京。 | |
| 我觉得玛丽的裙子真漂亮。 | |
| 我画的是我的学校。 | |
| 这个西瓜5斤。 | |
| 这是马克的房间。 | |

## 活动步骤

1. 四人一组,将全班学生分成若干组。
2. 教师向学生展示下列陈述句。
3. 活动开始,教师随机点名,让学生提问句子里画线的部分。
4. 若回答正确,学生所在的那个小组积两分;若回答不上,同小组的同学可帮忙,回答正确积一分。
5. 所有句子完成后,积分最高的小组获胜。

## 练 习

组词成句。

1. 你、多大、今年、了

   _____

2. 叫、你、名字、什么

   _____

3. 有、桌子、上、筷子、几双

   _____

4. 写、你、是、的、什么、字

   _____

5. 房间、是、这、的、谁

   _____

6. 中国、你、想、为什么、来、留学

   _____

7. 最、地铁站、哪个、学校、离、近

   _____

8. 房间、谁、在、里、唱歌

   _____

9. 怎么、你、知道、不、明天、上课

   _____

10. 什么时候、去、我们、游泳

    _____

## 活动3 举笑脸

正反疑问句是指把谓语的肯定形式和否定形式并列起来进行提问,回答者选择其中一个进行回答。

例如:你去不去北京? 我去/不去北京。

### 活动目的

通过活动,教师帮助学生复习和巩固正反疑问句,在活动中熟悉正反疑问句的句型结构,活学活用。

### 活动准备

教师根据学生人数将笑脸和哭脸打印在卡片的正反面,每人一张(见图4-1)。

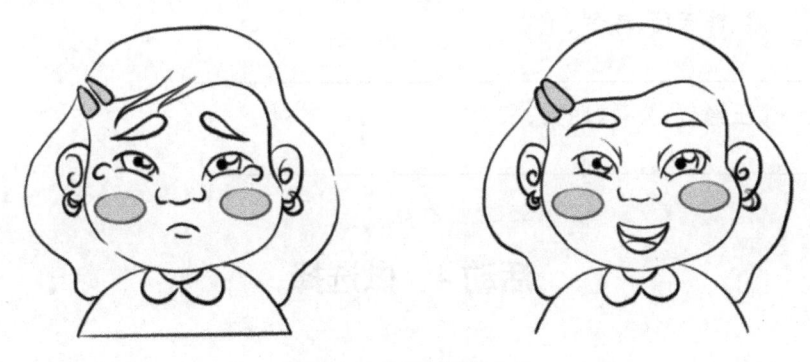

图4-1 哭脸、笑脸卡片

### 活动步骤

1. 教师在活动前将打印好的笑脸和哭脸发给学生,笑脸表示肯定,哭脸表示否定。
2. 活动开始,教师随机走到一个学生面前进行提问。

例如:你吃不吃面条?

3. 学生先举起笑脸或哭脸示意,然后完整地说出自己的答案。
4. 再由这个学生随意挑选一个同学进行提问。

### 练 习

组词成句。

1. 吃、你、不吃、米饭

2. 北京、你、不去、去

_____

3. 你、去、想、看、不想、电影院、电影

_____

4. 我们、告诉、不要、他、要、这个消息

_____

5. 北京、夏天、的、是、特别、不是、热

_____

6. 考、你、不考、HSK 三级

_____

7. 没有、你、有、去、图书馆

_____

8. 你、听、今天的、没听、新闻

_____

9. 听力、难、昨天的、考试、不难

_____

10. 不来、王经理、公司、明天、来

_____

## 活动 4　做选择

选择疑问句是提问者给出两种或两种以上的选择,要求对方选择其中的一种情况进行回答,常用"是……还是……"进行提问。

例如:"你是喝茶还是喝咖啡?"

在口语表达中,"是"可省略。

例如:"你喝茶还是咖啡?"

### 活动目的

通过活动,教师帮助学生明确选择疑问句的句式,熟练使用选择疑问句提问、回答。

### 活动准备

准备活动需要的生词卡片,教室腾出空地便于学生活动。

## 活动步骤

1. 全体活动,不需分组。
2. 教师先将需要将以下画横线的词语写在黑板上,提出问题(见图4-2)。

① 你喜欢<u>北京</u>还是<u>上海</u>?
② 远处的那个人是<u>男生</u>还是<u>女生</u>?
③ 你是<u>留学生</u>还是<u>中国学生</u>?
④ 你喜欢<u>在教室学习</u>还是<u>在宿舍学习</u>?
⑤ 你放假以后是<u>回国</u>还是<u>在中国旅游</u>?

图4-2 选择疑问句设计参考

3. 全班学生快速说出答案并分别站在相应的词语下面。
4. 没有选择的学生要给出理由。

## 练 习

组词成句。

1. 英语、你、还是、喜欢、汉语

_____

2. 你、去、想、食堂、饭店、还是

_____

3. 你、老师、是、还是、学生

_____

4. 今天、去、跑步、你、去、还是、明天

_____

5. 你、吃、还是、喜欢、米饭、面条

_____

6. 可乐、喝、你、还是、啤酒

_____

7. 我们、踢、还是、打、篮球、足球

_____

8. 你们、谁、教、王老师、还是、听力、是、张老师

_____

9. 我、你、红色、猜、喜欢、绿色、还是

_____

10. 美国人、是、你、还是、英国人

_____

## 第二节　祈使句

要求对方做或不要做某事、具有祈使语气的句子叫祈使句。它可分为两大类：一类是命令、禁止，另一类是请求、劝阻。这两类句子虽都用降语调，但在语气词等的运用上略有不同。表示命令、禁止的祈使句一般带有强制性，口气强硬、坚决。表示劝阻时，多用否定句，常用"甭、不用、不要、别"等词语和语气词"了、啊"等。

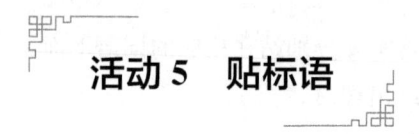

### 活动 5　贴标语

祈使句表示说话人让对方做或不做某事，根据语气强弱和语用意义可分为四类：表示请求的祈使句、表示禁止的祈使句、表示命令的祈使句和表示劝阻的祈使句。

◎ 活动目的

通过活动，教师帮助学生复习和巩固祈使句的类型与表达，再将其运用在真实的场景当中，学以致用。

◎ 活动准备

准备处所场景卡片（见图 4-3）和提示标语（见表 4-2）。

图 4-3 处所场景卡片

表 4-2 提示标语

| | |
|---|---|
| 1. 好好学习，天天向上 | 2. 不要大声说话 |
| 3. 我们和小树一起长大 | 4. 不要乱扔垃圾 |
| 5. 为了您的健康，请不要吸烟 | 6. 安静 |
| 7. 请节约用水 | 8. 请勿乱涂乱写 |
| 9. 上下楼梯请靠右 | 10. 请保持室内清洁卫生 |
| 11. 请使用文明用语 | 12. 小心地滑 |
| 13. 请勿停车 | 14. 珍惜粮食，请勿浪费 |
| 15. 请使用公筷 | 16. 坚持光盘行动 |

### 活动步骤

1. 四人一组，将学生分成若干组。
2. 教师将不同的标语发给学生。
3. 教师将不同的场景贴在黑板上。
4. 学生选择手上恰当的标语贴在场景内。
5. 贴完后每组派两名学生上台讲解，言之有理即可。

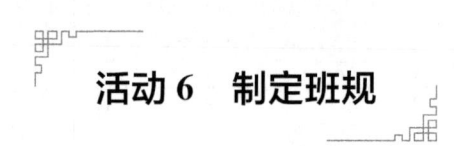

## 活动 6　制定班规

### 活动目的

通过活动，教师帮助学生复习和巩固祈使句的类型，通过讨论提高班级的凝聚力、发挥学生的主观能动性。

### 活动准备

准备班规卡片（见图 4-4）。

## 班规

☑ 所有学生必须按时上课,迟到早退要提前请假。
☑ 不得在教室内吸烟、喧哗,或用电子设备干扰他人学习。
☑ 积极参与课堂讨论,认真完成作业和课程学习。
☑ 遵守学校规定的考试时间和考场纪律,不得作弊。
☑ 不得伪造或篡改学校文件,如成绩单、请假条等。
☑ 学生应尊重教师的教学权威,不得对教师进行人身攻击。
☑ 保持教室整洁,不得在教室内乱扔垃圾。
☑ 学生之间应相互尊重,互相帮助。
☑ 班委应认真履行职责,帮助教师管理班级秩序。
☑ 学生应维护学校的声誉,不得参与任何有损学校形象的行为。

图 4-4 班规卡片图示

### 活动步骤

1. 四人一组,将学生分成若干组。
2. 十分钟时间讨论,每组学生用祈使句写下十条班规。
3. 每组学生依次汇报,教师在黑板上记录下来。
4. 最后选出六至八条作为班级的班规。

## 第三节 动作的状态

中文并不通过动词形式的变化来表达时间,而是主要依赖时间副词、上下文以及语法结构来表达时间概念。例如,汉语中的时间副词有"昨天""今天""明天"等,这些词语可以帮助明确表达事件发生的时间。此外,汉语使用特定的动词或语法结构来表示动作的进行、完成或将来,如"正在"表示动作正在进行,"已经"表示动作已经完成,"要"表示将来的计划或意图。

## 活动 7　我在上课呢

### 活动目的

通过看图说话，教师帮助学生复习和巩固含有"在……呢"表示动作正在进行的句子，明确句型的表达。

### 活动准备

准备动作状态卡片（见图 4-5）。

图 4-5　动作状态卡片

### 活动步骤

1. 六人一组，将全班学生分成若干组。
2. 教师给每组学生发一张图片。
3. 学生根据图片内容，用"在……呢"对图片进行描述。

4. 讨论时间为十分钟。
5. 讨论完成后,每组派一个学生进行汇报。
6. 教师对汇报内容给予订正。

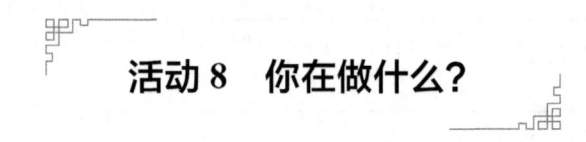

## 活动 8　你在做什么?

### 活动目的

通过动作的演示,教师帮助学生复习和巩固含有"正在/在"表示动作正在进行的句子,明确句型的表达。

### 活动准备

准备生词卡片,教室腾出空地,便于学生活动。

### 活动步骤

1. 两人一组,将学生分为若干组。
2. 学生并列站成两排。
3. 一排面向教师,一排背对教师。
4. 教师展示词语卡片,面对教师的那排学生看到卡片后,默默记下。
5. 教师说"开始",背对教师的学生转过来,面对教师的学生做动作比画刚才看到的词语。
6. 背对教师的学生猜出后,举手示意,用"正在/在"造句。
7. 猜对则记一分,两组角色互换,进行下一个词。
8. 若没有猜对,其他组的学生可举手抢答,答对记一分。
9. 活动后统计分数,得分最高的一组获胜。

### 练　习

组词成句。

1. 食堂、吃饭、我、在、呢

   _____

2. 在、妈妈、呢、做饭

   _____

3. 十点、已经、爱丽、在、了、还、睡觉

   _____

139

4. 没、他、睡觉、呢、还、他、写、在、作业

   _____

5. 给、我、打、他、在、电话、时候、的、他、跑步

   _____

6. 故事、正在、妈妈、孩子、给、讲

   _____

7. 我、打、有事、在、篮球、呢、吗

   _____

8. 他、拿、洗澡、没、手机、正、他、呢

   _____

9. 在、我、朋友、和、一起、呢、逛街

   _____

10. 学习、在、我们、用、怎么、呢、筷子

    _____

## 活动 9　报数造句

### 活动目的

通过活动，教师帮助学生复习、巩固句式构成与句子意义，掌握用"了""过"表示动作已经完成，根据情境正确使用句式谈论已经完成的事情。

### 活动准备

腾出空地，便于学生活动，准备动词的生词卡片。

### 活动步骤

1. 全班活动，不用分组。
2. 全班学生站成一个圆形，教师随意点一个学生，从一到十开始报数。
3. 报到三、五、八的学生根据教师给出的生词卡片＋"了"或"过"造一个句子。
4. 一轮造句完成后，这三个学生出列，游戏继续，剩余的学生继续报数。新的三、五、八号学生用"过"或"了"造句。
5. 所余人数不够八个时，游戏结束。

### 知识拓展

**"了"和"过"的区别：**

"了"用在动词、形容词后面，表示动作或性状的实现，即已经成为事实。如"年纪大了"表示具备了年纪大的状况，"来了一个人"表示动作实现了、完成了。"了"表示实现体，也可以是将来实现，如"我写完了作业就去打篮球"。

"过"用在动词、形容词后面，表示曾经发生这样的动作或曾经具有这样的性状。可以认为"过"是表示经历态，表示过去有过某种经历。如"我去过北京""我吃过中国菜"。

### 练 习

组词成句。

1. 年纪、爷爷、大、的、走、了、不快
　_____

2. 北京、三年、我、前、过、去
　_____

3. 以后、去、我们、下了班、吃、吧、中国菜
　_____

4. 爸爸、去、上个星期、了、上海
　_____

5. 了、哥哥、我、毕业、已经
　_____

6. 烤鸭、吃、我、一次、过、北京
　_____

7. 咖啡、昨天、我、了、喝、三杯
　_____

8. 去、他、了、图书馆、一本、借、书
　_____

9. 这个、我、看、已经、过、了、电影
　_____

10. 学、我、了、三年、已经、汉语、了
　_____

## 活动 10　闯关达人

### 活动目的

通过活动,教师帮助学生复习句型结构和意义,在游戏中灵活运用句型结构,谈论将要发生的事情。

### 活动准备

根据分组情况,准备下列内容。

游戏共五关,每关形式为:听句子,回答问题;每关过后可得到一个词语的提示,过关词语分别为:要、考试、明天、了、我们,最后得到五个词语的小组将所得到词语组成一句话即为胜利。

第一关:你别忘了带伞,你看这天,马上要下雨了。

问:为什么要带伞?

回答正确后,得到词语:要。

第二关:我要去食堂吃饭了。

问:这是要去哪儿?

回答正确后,得到词语:考试。

第三关:他要去北京参加 HSK 考试了。

问:他去北京做什么?

回答正确后,得到提示词语:明天。

第四关:他明天从上海回来。

问:他去哪了?

回答正确后,得到提示词语:了。

第五关:爱丽明天要结婚了。

问:爱丽明天要做什么?

回答正确后,得到提示词语:我们。

(教师可根据学生情况自行设置以上通关的问题。)

## 活动步骤

1. 五人一组,将全班学生分成若干组。
2. 活动分为五关,每一关通过不同的问题获取一个词语。
3. 小组讨论问题的答案,得到答案后告诉教师,若回答正确,教师把提示交给学生。
4. 最后学生用获取的词语,组成一句完整的话。
5. 完成最快的一组学生获胜。

## 练 习

组词成句。

1. 快、八点、上课、了、要、了
   _____

2. 太、要、晚了、我、了、睡觉、去
   _____

3. 比赛、了、足球、开始、要
   _____

4. 他、睡着、要、了
   _____

5. 了、飞机、起飞、要
   _____

6. 开学、下周、要、就、了
   _____

7. 明年、我们、要、了、毕业
   _____

8. 下周、生日、了、妈妈、过、要
   _____

9. 冷、天、到、了、要、冬天、了
   _____

10. 复习、快、了、就、明天、要、考试、吧
    _____

## 活动11　三点一线

### 活动目的

通过活动,教师帮助学生复习和巩固句式构成与句子意义,熟练掌握用"着"来表示动作(状态)的持续。

### 活动准备

根据班级分组数量准备不同颜色的便笺纸,准备动作状态卡片(见图4-6)。

图4-6　动作状态卡片图示

### 活动步骤

1. 四人一组,将全班学生分成若干组。
2. 教师给出九宫格,每个格子里有一幅画。
3. 各组学生同时讨论,用"着"造句对这九幅图进行描述。

4. 小组进行讨论后尽快将完成的句子写在便笺纸上并贴在图片上。

5. 贴好后句子正确视为占点成功,教师检查后,可将错误的句子撤除,各组可以对撤除的点再进行抢夺。

6. 相同颜色便笺纸只要占领了或横或竖或斜的三幅图,连成一条线,即为胜。

7. 若没有一组能够占领一条线上的三个点,则占点多的一组获胜。

## 练　习

组词成句。

1. 这几天、着、一直、他、病
_____

2. 在、他、操场上、唱、着、踢、足球、着、歌
_____

3. 挂、墙上、着、妈妈、一幅、画、画、的
_____

4. 拍、我们、着、给、手、加油、他
_____

5. 您、现在、开、里面、会、着、再、等会、吧、来
_____

6. 躺在床上、他、音乐、听、着
_____

7. 睡、我、你们、觉、着、呢、说话、小、声音、一点
_____

8. 笑、他、着、脸、红、了
_____

9. 哭着、他、就、哭着、睡、了、着
_____

10. 抱、他、孩子、着、站、那里、在
_____

## 第四节　特殊句式

现代汉语中与一般句式在结构上有着很大的不同,在表述上或强调突出句子的某一成分,或某一成分比一般句子多,或在表述上起到某一方面的专门作用,这类句子就叫特殊句式。现代汉语中的特殊句式主要有:把字句、被字句、连动句、兼语句、是字句(判断句)、存现句等。

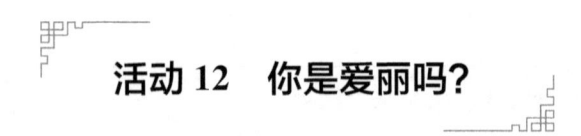

### 活动 12　你是爱丽吗?

**活动目的**

通过活动,教师帮助学生复习和巩固句法结构,熟练掌握"是"字句。

**活动准备**

学生课前准备好自己的照片。

**活动步骤**

1. 活动分小组进行,四人一组,将学生分成若干组。
2. 将小组成员的照片放在桌子上。
3. 翻开一张照片,一个人蒙眼通过问问题猜照片上的同学是谁,但不能直接问"他是某某吗?"其他同学通过"是""不是"给予提示。
4. 猜的学生最多可用"是"字句问三个问题。
5. 用最少问题猜对的获胜。

**练　习**

组词成句。

1. 我、爱丽、姐姐、的、是

   _____

2. 是、爱丽、学校、这个、学生、的

   _____

3. 美国的、你、是、吗、留学生

   _____

4. 公司、这、位、是、新来、经理、的

_____

5. 我家的、喵喵、这、是、叫、小猫

_____

## 活动 13　小画家

### 活动目的

通过活动,教师帮助学生掌握表示存在意义的"有"字句,复习方位词、量词。

### 活动准备

可供画图的白纸。

### 活动步骤

1. 六人一组,分成若干组。
2. 各组学生依次用表示存在意义的"有"字句,描述教室内的人或东西。如"桌子上有铅笔""教室里有学生"等。
3. 活动时间十分钟,学生每说一个正确的句子,教师在黑板上每组下画"正"字。
4. 到时间后"正"字最多的一组获胜。

### 练　习

组词成句。

1. 超市、咖啡店、右边、的、一、有、家

_____

2. 门前、有、医院、树、许多

_____

3. 东门、学校、有、个、外面、一、地铁站

_____

4. 家、我们、房间、有、个、五

_____

5. 同学、有、我们、班、个、三十

_____

## 活动 14　句型转换

### 活动目的

通过活动,教师帮助学生复习、巩固句式结构,用"是……的"句式,对不同的部分进行强调。

### 活动准备

根据班级分组数量(两人一组),准备下列表格(见表 4-3)。

表 4-3　强调句转换表

| 1. 我明天要坐火车去上海。 |
| --- |
| 强调时间: |
| 强调地点: |
| 强调方式: |
| 2. 我早上八点去公园跑步。 |
| 强调时间: |
| 强调地点: |
| 强调方式: |

### 活动步骤

1. 两人一组,将学生分成若干组,将活动页发给各组学生。
2. 学生根据活动页面的要求,对所给的句子进行转换。
3. 所有句子完成后举手示意。
4. 教师随意抽取学生进行回答,并对答案进行订正。

### 练　习

组词成句。

1. 坐、我、是、来、火车、的、北京

2. 的、他、早上、是、起床、六点

   _____

3. 是、我、家、去、附近的、散步、公园、的

   _____

4. 我们、的、八点、是、出发

   _____

5. 电影、的、六点半、开始、是

   _____

6. 我、的、是、在、上海、遇到、他

   _____

7. 跟、是、弟弟、妈妈、来、一起、的

   _____

8. 昨天、这些、是、啤酒、喝、我们、晚上、的

   _____

9. 我、他、开车、是、来、的、这儿

   _____

10. 一起、姐姐、跟、不是、的、朋友、去

    _____

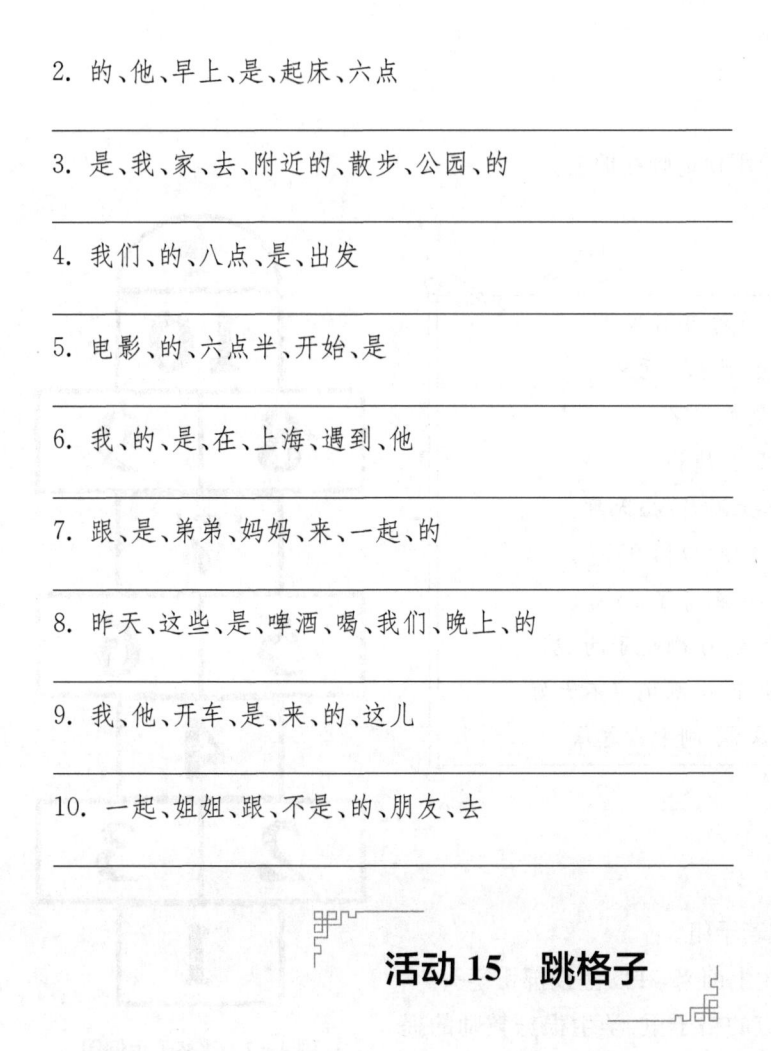

## 活动 15　跳格子

凡是用来比较的句子,都称为比较句。比较句的基本结构如表 4-4 所示:

表 4-4　比较句基本结构

| 基本结构 | 例句 |
| --- | --- |
| A 比 B+形容词 | 哥哥比我高 |
| A 比 B+心理动词/能愿动词+宾语 | 妈妈比我担心你 |
| A 比 B+动词+程度补语 | 他比我跑得快 |
| A 比 B+形容词+准确数量补语 | 哥哥比我高 3 厘米 |
| A 比 B+形容词+模糊数量补语(如:得多、一些、多了、很多) | 哥哥比我高多了 |

### 活动目的

通过不同的句子,教师帮助学生复习和巩固比较句的句型与结构,熟练掌握比较句的基本用法。

### 活动准备

将下图(见图4-7)用粉笔画在地上。

问题参考：

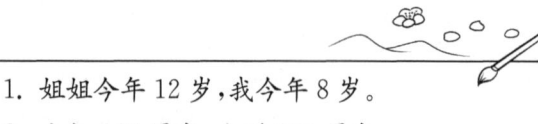

1. 姐姐今年12岁,我今年8岁。
2. 小红165厘米,小刚175厘米。
3. 兔子第二名,乌龟第一名。
4. 牛奶3块钱,可乐2块钱。
5. 北京25摄氏度,上海30摄氏度。
6. 小红听力考了90分,口语95分。
7. 小红考了96分,小刚考了75分。
8. 小红吃了一碗米饭,小刚吃了两碗。
9. 小红跳舞跳得很好,小刚跳得不太好。
10. 小红7点半起床,小刚8点起床。

### 活动步骤

1. 五人一组,分成若干组。
2. 教师随机叫学生上前来,在图上投掷粉笔头。
3. 粉笔头落在对应的格子里,学生根据教师的提问用比字句来回答问题。
4. 若回答正确,则所在队伍加一分,组内同学依次上前。
5. 活动结束后统计分数,得分最高的一组获胜。

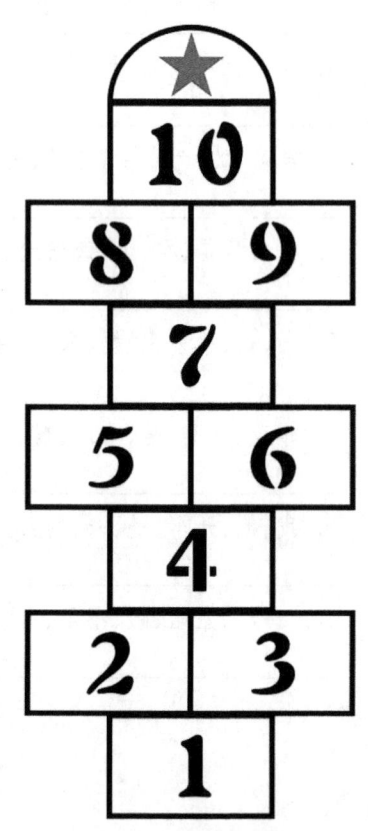

图4-7 跳格子示例图

### 活动说明

根据所提供的例句,教师可通过句子设计不同的问题,避免学生重复投掷一格。

### 练　习

组词成句。

1. 我、哥哥、比、三岁、大

_____

2. 高、我的、比、个子、姐姐、得、多

_____

3. 方便、新房、以前的、比、房子、多了
_____

4. 多、我们班的、比、学生、他们班的、五个
_____

5. 冷、上海的、没有、冬天、北京
_____

6. 比、块、西瓜、贵、草莓、两、钱
_____

7. 多了、你、唱得、好听、我、比、唱得
_____

8. 多、跑得、他、比、快、我、得
_____

9. 得、起床、他、起、比、我、一点儿、早
_____

10. 说得、马克、汉语、得、不如、你、说、好
_____

## 活动 16　你做我猜

"把"字句,是汉语中的一种主动式动词谓语句。这种句式又称为"处置式",因为动词所表示的动作对宾语作出了"处置",比如使其位置或状态改变。

基本的结构为:主语＋"把"＋宾语＋动作。

### 活动目的

通过生动的肢体表达,学生能够理解"把"字句的意义,掌握句型结构并在生活中熟练运用"把"字句。

### 活动准备

准备活动场地。

### 活动步骤

1. 五人一组,将全班同学分成若干组。
2. 每个学生在活动前准备一个能够用"把"字句进行表述的表演动作。
例如:把门打开。

3. 学生准备好以后,每组派出一个代表通过猜拳的方式决定前后顺序。

4. 赢了的小组先进行表演,小组排成一列,从第一个学生开始做动作,第二个学生用"把"字句将前一个同学做的动作表述出来,若回答正确,得一分,答错则不得分。

5. 回答完毕后,第二个学生做动作,第三个学生表述,不断进行,直到最后一个学生完成。得分最高的一组获胜。

### 活动说明

每个学生只有一次机会,动作、句子都不可重复,重复或说错都不得分。

### 练　习

组词成句。

1. 房间、打扫得、爸爸、把、很干净
   _____

2. 生词、他、一遍、把、预习了
   _____

3. 把、交给、请、词典、这本、李教授
   _____

4. 把、能不能、关小、你、声音、一点儿
   _____

5. 门、把、慢慢地、小刘、打开了
   _____

6. 他、那个小说、电影、改成了、把
   _____

7. 把、他、气坏了、我
   _____

8. 我们、时间、一天、开会的、把、推迟了
   _____

9. 把、打算、我、带出去、狗、玩
   _____

10. 他、分成了、蛋糕、把、几块
    _____

## 活动 17  句子转换

"被"字句是指在核心动词前面,用介词"被""给""叫""让"引出施事或单用"被"字表示被动的主谓句。它是受事主语的一种。

基本的结构为:宾语+"被"+主语+动作。

### 活动目的

通过活动,学生能够熟悉"被"字句的基本结构,可熟练造句并能将"把"字句转换为"被"字句。

### 活动准备

下载、打印以下句子。

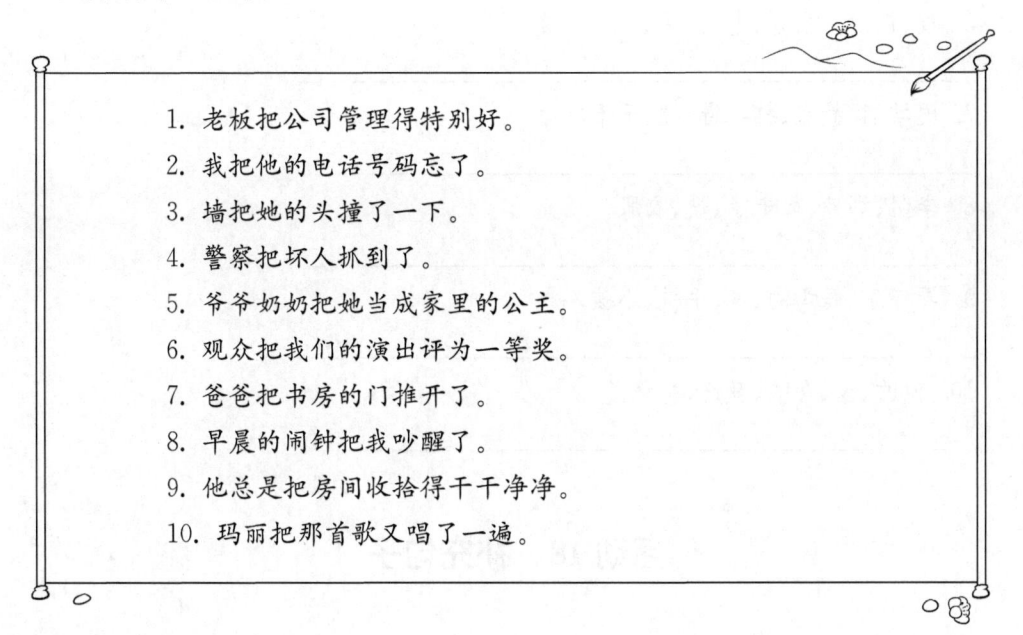

1. 老板把公司管理得特别好。
2. 我把他的电话号码忘了。
3. 墙把她的头撞了一下。
4. 警察把坏人抓到了。
5. 爷爷奶奶把她当成家里的公主。
6. 观众把我们的演出评为一等奖。
7. 爸爸把书房的门推开了。
8. 早晨的闹钟把我吵醒了。
9. 他总是把房间收拾得干干净净。
10. 玛丽把那首歌又唱了一遍。

### 活动步骤

1. 五人一组,将全班学生分成若干组。
2. 教师将以上句子分发给每个小组,小组内进行分配,每个学生两句话。
3. 分配好后,活动计时开始,每个学生完成自己的句子后交给组长汇总。
4. 组长汇总完成后交给教师,计时结束。
5. 教师讲解句子,并对每组答案进行订正。

6. 一个错句加时三秒,最后计算用时最短的一组获胜。

## 练习

组词成句。

1. 选为、她、我们班的、被、代表
_____

2. 被、卖假货的、抓、已经、人、警察、起来了
_____

3. 已经、大家、这种方法、接受了、被
_____

4. 听得、他们的话、老王、被、清清楚楚
_____

5. 被、精神、同学们、她的、感动了
_____

6. 被、最后一张票、老人、买去了、一位
_____

7. 同学们、教室、打扫得、被、干干净净
_____

8. 李明、那件、取走了、被、衣服
_____

9. 弄坏了、妈妈的、被、手机、小孩
_____

10. 他的、被、女孩、邀请、拒绝了
_____

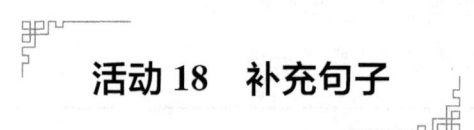

## 活动 18　补充句子

连动句,就是在一个句子中出现两个或更多动词,有时候会出现两个或更多宾语的句子。连动句的特点是主语只有一个,但是动词和宾语有一个以上。两个动词共用一个主语。
基本结构为:主语+谓语1+宾语1+谓语2+宾语2。
例如:我去书店买了两本书。

### 活动目的

通过活动,学生能够掌握连动句的基本结构,在考试和日常生活中灵活使用连动句。

## 活动准备

将以下句子制作成PPT。

1. 他骑自行车_____。
2. 我去超市_____。
3. 我_____吃饭。
4. 爱丽去学校_____。
5. 我_____去北京。
6. 我去电影院_____。
7. 杰克_____打游戏。
8. 妈妈去火车站_____。
9. 弟弟_____游泳。
10. 我_____买香蕉。

## 活动步骤

1. 将全班学生分成两组。
2. 教师在PPT上依次显示以上句子。
3. 两组学生进行抢答，用连动句的结构将句子补充完整。
4. 学生造句完成后，教师对句子进行订正，若句子正确则得一分，若答错则换组进行回答。
5. 十个句子完成后，得分多的一组获胜。

## 练　习

组词成句。

1. 他、中国、明年、来、汉语、学
_____

2. 爱丽、骑、去、上班、每天、自行车
_____

3. 我、图书馆、上午、去、两、书、本、借了
_____

4. 坐、去、上海、打算、我们、高铁
_____

5. 我们、上午、去、教室、汉语课、十点、明天、上
_____

6. 大卫、解决、有、这个、办法、问题

   _____

7. 他、高兴、看了、这个、极了、消息

   _____

8. 我、十块钱、花、昨天、了、西瓜、买

   _____

9. 我、去、取、银行、想、钱

   _____

10. 我、火车站、明天、要、送、妈妈、去

    _____

## 活动 19　组词成句

兼语句,即在一个句子里有两个谓语(多是动词),前一个谓语动词的宾语,也是后一个谓语动词的主语,所以叫作兼语句。

基本结构为:主语＋谓语动词1＋兼语＋兼语的谓语动词2。

例如:我请你吃饭。

### 活动目的

通过活动,学生能够熟悉兼语句的基本句型结构,熟练掌握并使用兼语句。

### 活动准备

下载、打印以下打乱顺序的句子。

1. 叫、他的、李教授、办公室、你、去
2. 不、妈妈、自己、我、允许、去、玩、河边
3. 出差、老板、去、小明、派、北京
4. 爸爸、想、汉语、让、学、小明、好好
5. 太、总是、父亲、说、淘气、我们
6. 公司、两个人、这件事、负责、安排了
7. 让、觉得、那个消息、很高兴、许多人
8. 参观、赵教授、同学们、让、图书馆
9. 校长、招收、刘老师、让、两名博士
10. 要求、老师、提交、全校的、注意、论文的时间、研究生们

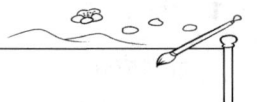

## 活动步骤

1. 两人一组,将全班学生分成若干组。
2. 教师将以上句子发给各组。
3. 活动时间为十五分钟,小组内两人自由讨论将纸条上的词语组成句子,并写出答案。
4. 每个句子十分,满分为一百分。
5. 十五分钟后教师将答案收回,并对以上句子进行讲解。
6. 得分最多的一组获胜。

## 练 习

组词成句。

1. 表演节目、我们学校、一位明星、来、请了
   _____

2. 经理、让、去、打印、秘书、两份文件
   _____

3. 打、妈妈、快、电话、叫、回家、爸爸
   _____

4. 他、一个、很优秀、有、儿子、的
   _____

5. 妈妈、收拾、哥哥、他的房间、让
   _____

6. 不让、父母、法国、女儿、去、留学
   _____

7. 今年秋天、去、组织、大家、西安、旅行、学校
   _____

8. 我们、健康、祝、身体、爷爷
   _____

9. 妈妈、玩、每天、孩子、一个小时的、允许、游戏
   _____

10. 要求、老师、迟到、学生们、不能
    _____

# 第五章 交际活动

国际学生来华后面临生活中的基本交际问题,中文水平较低的初级水平国际学生亟须解决真实场景中的交际问题。而以往教材中的语言生活性不足,构拟的场景与现实生活时有脱节,或所学内容缺少现实场景支撑,无法帮助国际学生很好地适应来华后的实际生活需求。

本章在内容设计上以学生在华生活需求为导向,遵循"急用先学"的原则,围绕初级中文水平的国际学生实际交际需求展开,包括认识新朋友、日常消费、一起去旅行、生活小难题、学习与工作、交往与分享等六个小节,贴近当今中国社会的真实生活场景;在组织架构上,以任务型教学法为主要指导思想,以活动任务为单位,构建基本对话结构与句型,增强所学内容的现实应用性。

教师通过教学活动设计与实施,帮助国际学生解决生活中基本的交际障碍,达到顺利交际的目的。

## 第一节　认识新朋友

国际学生在中国开始新的学习生活,需要建立新的人际关系网络,本节通过起中文名字、破冰活动等相关任务,学习并使用人物相关信息描述的语言,满足国际学生人际交往需求。

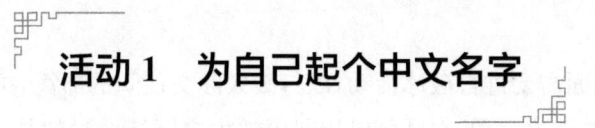

### 活动1　为自己起个中文名字

**活动目的**

让学生了解中国人的姓名文化,为自己取一个喜欢的中文名字。

**活动准备**

【文化内容准备】

先对学生进行中国姓名文化的介绍,可包含但不限于以下内容:

在中国,每个家庭都有一个世代相传的姓,一般为单字,有的是双字复姓。后面可跟一个字或两个字的名。一些传统的家庭还沿用祖辈规定的行辈字表示辈分。根据辈分起名字,古人取名时尊卑有序、长幼有别,同宗族之间为了更好地区分世系次第,避免用到祖先的名字,采取字辈来确定在家族中的辈分。比如,湖北《汪氏宗谱》的行辈字派是:"正大光明,成先于后,世泽延长,齐家有猷。"

中国人的姓名一般由父母、长辈在其出生时给予,名字可以寄托他们对子女、晚辈的希冀,表达对新生儿的爱。起名时用开口呼发音的字,在称呼时更加响亮,如以 ang 结尾要比 ing 结尾的响亮。

注意避免选用的字组在一起后形成意义不好的谐音。

### 活动步骤

1. 教师先介绍中国人姓名文化及起名相关的注意事项。

2. 让学生对中国人的姓名有一个感性的认识。可分为以下两种方案执行:

方案一:请学生课前每人收集三个中国人的姓名,可从网络上查找,记录中国同学、中国朋友的名字等,询问其名字的来源,并在课堂中依次分享。

方案二:由教师给出中国人的姓名常用字,让学生使用字典自行查阅字的含义,如男孩名常用字:信、诚、杰、勇、博、峻、天、森、涛、剑等等。女孩名常用字:秀、慧、巧、柔、雅、荷、珍、月、雪、梦等等。

3. 随后教师引导学生概括归纳选字的特点。如美好品质、优秀能力、美好事物、性格特质、中国传统文化寓意等等。

4. 让学生为自己取一个中文名字。教师可以给学生一些参考用词。

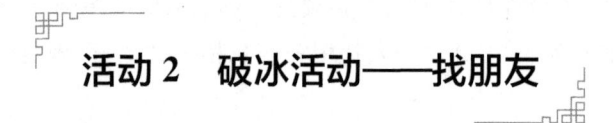

## 活动 2　破冰活动——找朋友

### 活动目的

参与者初次见面需要进行破冰活动,以打破人际交往间的藩篱,拉近彼此距离。中文课堂也是一样,通过破冰活动,教师可以让同班学生之间彼此尽快认识,营造友好热烈的学习氛围。

### 活动准备

【语言准备】

**常用语句:**
—你好,我叫爱丽,你叫什么?—你好,我叫安迪。
—你是哪国人?—我是美国人。
—你是哪个学院的留学生?—我是林学院的,我学习林学专业,很高兴认识你。
—你在哪所大学学习?—我在北京林业大学学习。
—你是本科生/硕士生/博士生吗?—是的。
—你多大?—我 26 岁。
—我喜欢看电影,你呢?—我也很喜欢。

【材料准备】

制作活动表格(见表5-1)。

表5-1 找朋友

| 名字(Name) | 国籍(Nationality) | 学院(School) | 专业(Major) | 年龄(Age) |
| --- | --- | --- | --- | --- |
|  |  |  |  |  |
|  |  |  |  |  |

### 活动步骤

1. 给大家十分钟的时间,去认识班里的同学,记录对方的信息。
2. 成果展示:让每个学生介绍自己认识的同学,看看谁认识的人更多。

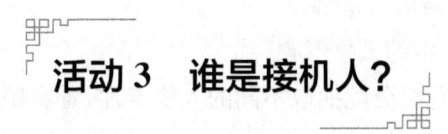

## 活动3 谁是接机人?

### 活动目的

学生能够描述人物的身高、体形、五官、穿着等。

### 活动准备

【材料准备】

制作人物卡片、场景图片(见图5-1)。

人物卡片1 老张:我在出口,戴着帽子,手里拿着一个长方形牌子。

人物卡片2 爱华:我在广告牌下面,穿着裙子,戴着太阳镜和口罩,右手拿着一把雨伞。

人物卡片3 大山:我穿着T恤,戴眼镜,背着一个双肩包。

图 5-1　谁是接机人

### 活动步骤

1. 教师提供情景假设：全班学生一起去南京旅行，当地旅行社安排了工作人员前来接机，根据描述，寻找一下接机人是哪位？
2. 大家共同描述图片中的人物形象。
3. 将学生分为三组，每组分配抽取不同的人物卡片，看看哪组先找到接机人。

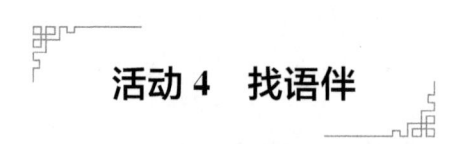

## 活动 4　找语伴

### 活动目的

帮助学生寻找语言伙伴。

### 活动准备

【语言准备】

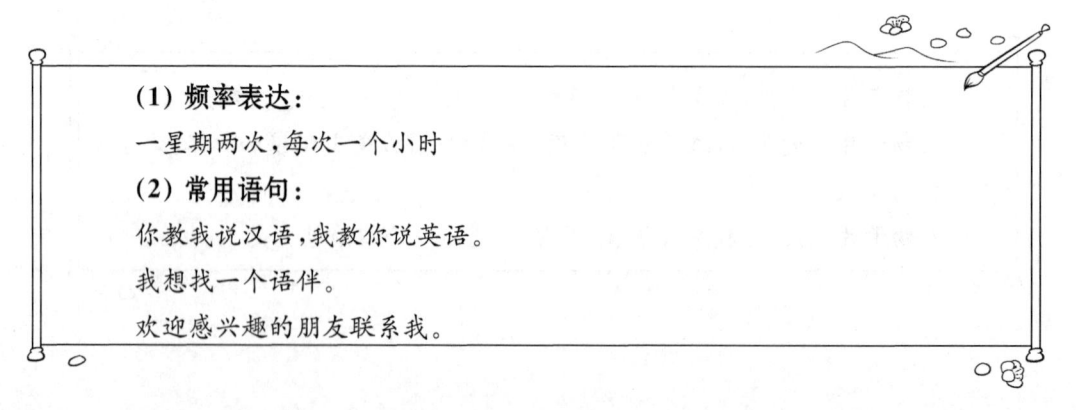

(1) 频率表达：
一星期两次，每次一个小时
(2) 常用语句：
你教我说汉语，我教你说英语。
我想找一个语伴。
欢迎感兴趣的朋友联系我。

### 活动步骤

学习汉语的时候,找一个语伴一起练习是个好办法。写一个找语伴的小广告,发布在学校论坛,看看会有什么收获?

1. 先进行简单的自我介绍,包括姓名、国籍、语言、性别、性格等。
2. 说明你想练习的语言和可以教别人的语言。
3. 写清楚想一起学习的时间和频率,可以线上也可以线下。
4. 别忘了留下联系方式。

## 活动5　非诚勿扰

### 活动目的

学生能够介绍人物基本情况。

### 活动准备

【语言准备】

**(1) 基本词语:**

年龄、国籍、星座、学历、外貌、身高、体重、工作、爱好、家庭成员、个人经历、是否有宠物等

**(2) 常用语句:**

我是双子座的,今年28岁。

我硕士在中国留学,学习林学,现在在政府部门工作,平时喜欢做饭、看书、看电影、打羽毛球。我做的苹果蛋糕非常好吃。

我现在还是学生,正在学习风景园林专业,毕业以后想开一个设计公司,做老板。

我喜欢胖一点、大眼睛、爱笑的女孩。

我喜欢爱运动的、篮球打得好的男生。

我很喜欢爬山,最喜欢爬北京的香山,那里秋天很漂亮。

【材料准备】

制作人物资料卡。学生课前每人设计一份人物资料卡,可虚拟人物,包括个人情况、人生经历、兴趣爱好、择偶条件等。可参考中外交友网站信息情况设置。

场地布置。设置男女嘉宾席位各三至五个,左右相对(见图5-2)。

图5-2 非诚勿扰嘉宾席

### 活动步骤

1. 将学生的人物资料卡全部收集起来,然后每人抽取一张资料卡,给学生五分钟时间,熟悉人物情况,并进行角色扮演。

2. 第一轮组织学生依次进行自我介绍,介绍个人基本信息,之后可进行第一轮投票,根据择偶条件,投出第一轮心动人选。

3. 第二轮组织学生依次介绍个人经历,之后进行自由提问环节,有问题举手示意教师,控制在五分钟以内。随后进行第二轮投票。

4. 第二轮投票如有牵手成功者,则两人可下场,替换两名学生上场。

5. 可设置爆灯环节,场下学生看到合适的人选,可爆灯抢人。

6. 讨论不同人的择偶观的异同。

例如:是否重视工资、学历、年龄差距,是否抽烟喝酒、星座匹配等。

## 第二节　日常消费

消费活动对于国际学生在华生活而言是不可或缺的,本节通过创建线上线下多种消费场景,让国际学生学习和使用购物、就餐等相关语言完成消费任务,满足国际学生日常生活中的消费交际需求。

## 活动6　日常购物

### 活动目的

让学生熟练使用基本用语完成食堂、饮品店、西点店、咖啡店等日常活动场景的购买活动。

### 活动准备

【语言准备】

**(1) 基本词语：**

菜单、价目表、元(块)、角(毛)、斤、两、米、微信、支付宝、支付、扫(二维)码、现金、刷(银行/校园)卡、会员

**(2) 常用语句：**

——你要什么？——我要××和××。

——还要别的吗？——还要××。

——这个苹果比那个红，也比那个大。

——这个(一共)多少钱？

——师傅，你好，我要土豆牛肉，还要西兰花，一两米饭。

——打包，带走。

——便宜一点儿吧。

——你好，我没有现金，可以用微信或者支付宝吗？——可以，扫码支付吧。

——能打折吗？——办会员，可以打八五折。

【材料准备】

(1) 任务卡片：

A. 去饮品店购买两瓶可乐、两瓶啤酒。

B. 去西点店买两个奶油面包、一块芝士蛋糕。

C. 去咖啡店买一杯美式咖啡、一杯焦糖玛奇朵，打包带走。

D. 去食堂帮朋友打包一份米饭、一份炒土豆丝、一份西红柿炒鸡蛋。

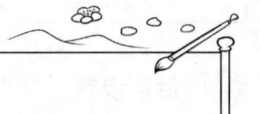

(2)商品价目表(见表5-2):

表5-2 商品价目表

| 饮品店 |||||
| --- | --- | --- | --- |
| 啤酒 | 6元/瓶 | 可乐 | 4元/瓶 |
| 芬达 | 3元/瓶 | 雪碧 | 4元/瓶 |
| 香蕉牛奶 | 9元 | 热巧克力 | 6元 |
| 草莓奶茶 | 9元 | 绿茶可可 | 9元 |
| 桃子水果茶 | 8元 | 玫瑰茶 | 6元 |
| 蜂蜜柚子茶 | 6元 | 柠檬红茶 | 9元 |
| 咖啡店 ||||
| 美式 | 9元 | 摩卡 | 15元 |
| 拿铁 | 15元 | 卡布奇诺 | 15元 |
| 焦糖玛奇朵 | 15元 | 冰美式 | 10元 |
| 西点店 ||||
| 水果沙拉 | 7元 | 烤鸡翅 | 6元 |
| 薯条 | 8元 | 意大利面 | 10元 |
| 煎鸡蛋 | 2元 | 烤肠 | 4元 |
| 牛排 | 12元 | 比萨 | 12元 |
| 奶油面包 | 9元/个 | 芝士蛋糕 | 15元/块 |
| 巧克力曲奇 | 15元/盒 | 提拉米苏 | 15元/块 |
| 三明治 | 12元/个 | 汉堡 | 15元/个 |
| 水果布丁 | 6元/杯 | 香草泡芙 | 12元/个 |
| 食堂 ||||
| 饺子 | 5元 | 米饭 | 1元/碗 |
| 牛肉面条 | 15元 | 包子 | 0.5元/个 |
| 西红柿炒鸡蛋 | 12元 | 炒西蓝花 | 8元 |
| 炒土豆丝 | 6元 | 土豆鸡肉 | 12元 |

### 活动步骤

1. 请四名学生分别扮演饮品店老板、咖啡店服务生、西点店服务生和食堂师傅。
2. 将学生分成四个小组,分别去不同的店铺完成购物任务。

## 活动 7　准备一个生日聚会

### 🌀 活动目的

通过活动模拟买卖场景,学生练习买卖双方用语,以便更好地应对生活中的购物场景。

### 🌀 活动准备

【材料准备】

准备蛋糕店布置材料、商品图片等;设置好商品的成本;准备零食:薯片、可乐、饼干、啤酒、巧克力等。

### 🌀 活动步骤

1. 教师进行情境设定,今天是安迪的生日,大家想一起为他办一个生日聚会,一共八个人,预算为 400 元。
2. 将学生分成四组。
3. 两组负责开店、设置商品、为商品定价,看看最后哪一组盈利多。
4. 另外两组负责购买,看看最后哪组的实际花费与预算花费最接近。
5. 每组进行成果展示和汇报。

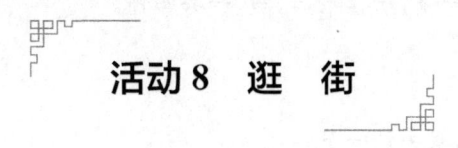

## 活动 8　逛　街

### 🌀 活动目的

学生能够熟悉日常逛街常用语。

### 🌀 活动准备

【语言准备】

> 基本词语:
> 颜色词:红、黄、绿、黑、白、紫、粉、灰、蓝
> 衣物名称:T恤、裤子、鞋、外衣、裙子、帽子
> 描述词:长、短、肥、瘦
> 场景词:收银台、试衣间、服务员、导购、衣架

### 活动步骤

1. 分小组,给每个小组学生三个不同场景和对话(可乱序)。
2. 让学生给自己组的内容排序,根据对话内容自行设置人物角色并表演出来,所给的句子必须都使用。

(1) 导购版对话

——美女/帅哥,想买什么?我可以帮你推荐。
——没事,我随便看看。/不用了,谢谢,我自己看看就好。/我想要买一件T恤。
——美女你平时穿什么码的?我给你找一件。
——M码。
——这件怎么样?
——我不太喜欢黑色的,有别的颜色吗?
——有白色和蓝色的。
——我看一下白色的。
——稍等,我去给你拿。
——白色还不错。
——喜欢可以试试,试衣间在这边。
——我可以试一下吗?
——请问试衣间在哪儿?
——您好,请把衣架摘一下,一、二、三、四,一共四件。
——我带您去试衣间。

(2) 试衣间对话

——玛丽,你等我一下,我去试一下。
——好的,去吧。
——玛丽,怎么样?我穿这个好看吗?
——很好看!不过是不是有点大?
——可以帮我拿小一号的吗?
——这次很不错,这件多少钱?
——450块。
——有点儿贵,我再看看。
——有需要的吗?
——您要哪件?
——都要了。
——这件很合适,这条有一点儿大。

（3）收银台对话

—您好,您有会员吗?

—没有,会员有什么优惠吗?

—可以打九五折。

—那怎么办会员?

—扫码关注,填信息就行了。

—好的,稍等。

—可以打折吗?

—您好,现在全场两件打九折,您要再挑选一下吗?

—不用了,谢谢。

—一共 450 块,扫码还是刷卡?

—可以现金吗?

—也可以。收您 500 块,找您 50 元。

—好的,谢谢。

## 活动 9　餐厅点餐

### 活动目的

通过模拟场景,学生能够理顺对话中的逻辑关系,在实际生活中完成点餐任务。

### 活动准备

【语言准备】

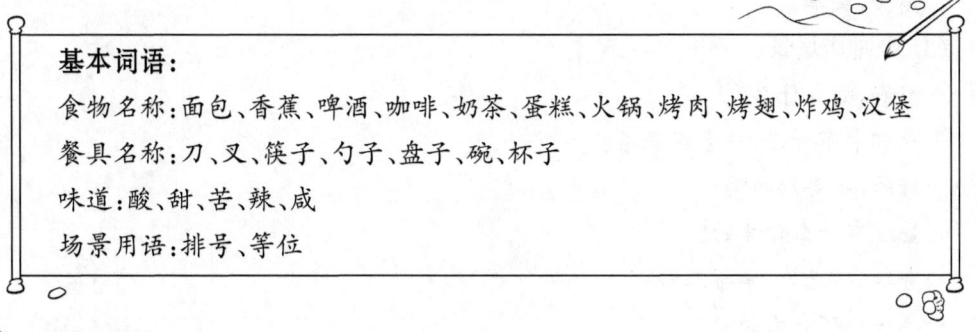

**基本词语:**

食物名称:面包、香蕉、啤酒、咖啡、奶茶、蛋糕、火锅、烤肉、烤翅、炸鸡、汉堡

餐具名称:刀、叉、筷子、勺子、盘子、碗、杯子

味道:酸、甜、苦、辣、咸

场景用语:排号、等位

### 活动步骤

1. 将学生三至四人分成一组,将以下句子顺序打乱,让学生进行排序。

（1）快餐类场景:

——您好,我要一个汉堡、大份炸鸡块、中份薯条。

——好的,要什么喝的?

——可乐吧,中杯。安迪,你要什么?

——您好,我要一个汉堡、一份烤翅、一杯咖啡。

——好的,请稍等。旁边取餐,下一位!

(2) 堂食餐厅场景:

——啊!怎么这么多人呀!

——这家店是新开的,所以很火。

——那怎么办?

——我们先取个号吧。——您好,取一个号。

——好的,请问您几位?

——两位。

——好的,小桌两位。A98号。

——您好,请问前面还有几桌?

——现在已经到A94号了,再等4桌,大概20分钟。

——哎呀,终于到我们了。

——美女,您好,点菜!

——您好,这是菜单,也可以扫码点餐。吃点什么?

——你有什么推荐吗?有优惠吗?能打折吗?

——扫码,办理会员,可以打八五折。要喝点什么吗?

——茶水就行。

——还要别的吗?

——不用了。

——服务员,少一套餐具。

——美女,买单。

(3) 咖啡店场景:

——您好,喝点什么?

——一杯卡布奇诺,一壶水果茶。

——好的,还要别的吗?

——蛋糕有什么口味的?

——香草、巧克力、草莓三种。

——要一个巧克力的吧。

——好的。

——水果茶可以免费续热水吗?

——没问题。

2. 分角色表演出来。

## 活动 10　网上购物与订餐

### 活动目的

学生能够熟悉常用的网络购物平台,并模拟完成网上购物或订餐任务。

### 活动准备

【语言准备】

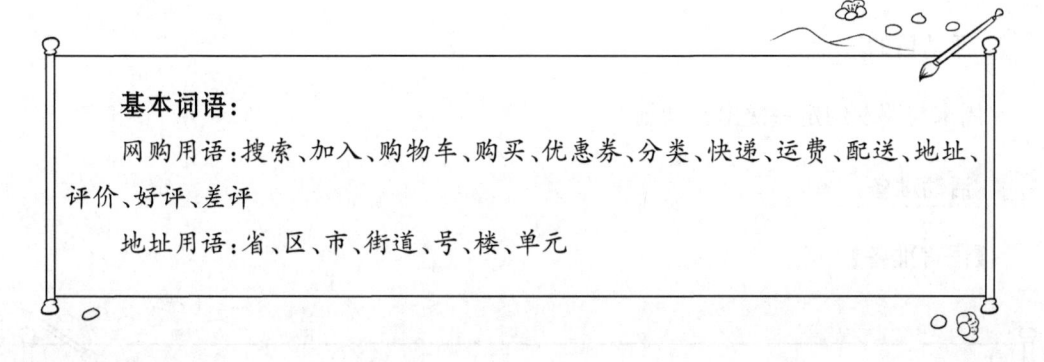

基本词语:
　　网购用语:搜索、加入、购物车、购买、优惠券、分类、快递、运费、配送、地址、评价、好评、差评
　　地址用语:省、区、市、街道、号、楼、单元

### 活动步骤

1. 教师首先对常用的网络购物平台进行介绍,可选择淘宝、京东、唯品会、饿了么、美团等。
2. 班级内征集一项购物需求、一项外卖需求。
　　例如:为运动会选购一套运动服,预算是 200 元以内。
　　　　　点一份午餐外卖,预算 50 元,清真餐。
3. 将全班分为两队六个小组,每组两至三人。A 队三个小组进行网络购物任务,B 队三个小组进行外卖点餐任务。
4. 学生根据任务要求,自选购物平台,生成小组的网上购物/外卖点餐方案。
5. 学生依次进行综合展示。
6. 组织学生投票,A 队和 B 队学生互相投票,投出最受欢迎的方案。

## 第三节　一起去旅行

感知中国是来华留学教育中的重要环节，中文教学应能够满足国际学生的出行需求，为国际学生体验真实、鲜活的中国社会生活提供支持。本节围绕主要的出行场景设置任务，让国际学生学习并使用日常出行中的语言完成交际任务。

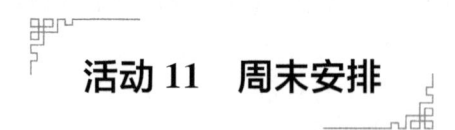

### 活动 11　周末安排

#### 活动目的

周末与朋友约定一次出行计划。

#### 活动准备

【语言准备】

(1) 基本词语：
天气：阴天、晴、下雨、下雪、刮风、雾霾、大风
体感：冷、热
活动：野餐、拍照、相机、爬山、逛公园、看电影、打篮球、踢足球、打羽毛球
(2) 描述性词语：
美、漂亮、安静、热闹、受欢迎
(3) 常用语句：
今天几月几号？/星期几？
星期日你有空吗？
去颐和园要多长时间？
听说学校旁边新开了一家餐厅，我们一起去看看吧？
明天五点，我们在学校南门见吧！
这儿太美、漂亮了，我们在这儿拍（一/几）张照片吧？
您好，能帮我们照张相吗？
快来，我们自拍。

### 活动步骤

1. 教师带领学生一起查看天气情况、商定一次出行计划。
2. 学生自行组团,确定地点和出行方式。
3. 将学生商定的过程用录音录下来。提示学生录音开头要做人物说明。
4. 课堂上播放录音,大家一起听听,说一说每一组的计划是什么。

## 活动 12　旅行计划

### 活动目的

制订一次旅行的计划。

### 活动准备

【语言准备】

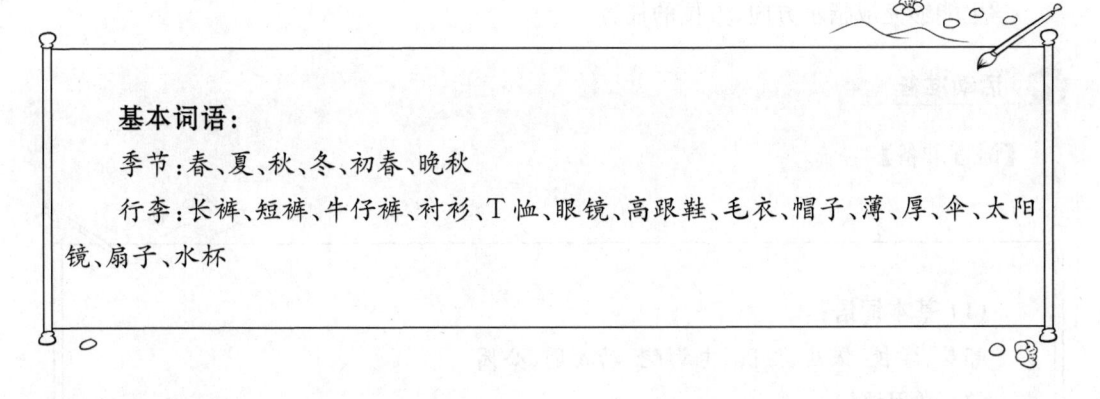

基本词语:
季节:春、夏、秋、冬、初春、晚秋
行李:长裤、短裤、牛仔裤、衬衫、T恤、眼镜、高跟鞋、毛衣、帽子、薄、厚、伞、太阳镜、扇子、水杯

### 活动步骤

十月一日是中国的国庆节,有七天的假期。教师将学生分成小组,每组设计一个旅行方案并展示(见表5-3)。考虑季节特点,确定旅行目的地、出行方式、游览安排、住宿地点,收拾行李。

表5-3 我的旅行计划

| 第一天 | |
|---|---|
| 第二天 | |
| 第三天 | |
| 第四天 | |
| 第五天 | |
| 第六天 | |
| 第七天 | |

## 活动13 我的社区

### 活动目的

学生能够完成指示方向、方位的任务。

### 活动准备

【语言准备】

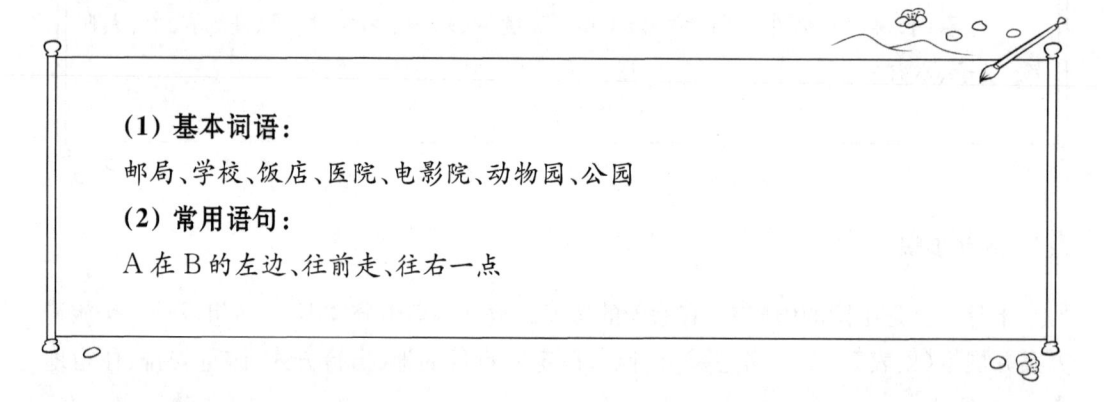

(1) 基本词语：
邮局、学校、饭店、医院、电影院、动物园、公园
(2) 常用语句：
A 在 B 的左边、往前走、往右一点

### 活动步骤

1. 在黑板上设置出一个区域，带领学生共同设计社区：有邮局、学校、饭店、酒吧、咖啡店、蛋糕店、公共汽车站、小树林、花园、医院、住宅、地铁站等。

2. 一个学生蒙上眼睛拿着图卡或词卡，另一个学生用语言指引他贴在适当的地方。

3. 全部贴好后,大家共同描述社区格局,并快速记忆社区格局。
4. 两个学生一组,扮演陌生人问路,其他学生判断对错。

## 活动 14　问　路

### 活动目的

学生熟悉问路用语。

### 活动准备

【语言准备】

**(1) 基本词语:**

东西南北、前后左右、路口、十字路口、丁字路口、直走、往右拐、清华东路、前门大街

地铁、地铁站、三号线、汽车站、公交车、公交站、站牌、出租车、打车、电动车、自行车、共享单车、滴滴打车

**(2) 常用语句:**

① ——您好,请问五道口商场离这儿远吗?应该怎么去?

——不远,走着就能到。出南门,往右拐,第一个路口往左拐,一直走到下个路口,商场就在你的右前方。

② ——您好,请问附近有电影院吗?

——最近的电影院在中关村,你得坐车去。从林业大学坐 355 路公共汽车,在海淀黄庄北下。

——中间用转车吗?

——不用。

——好的,谢谢!

### 活动步骤

1. 征集学生的出行需求。

例如:学生 A 想去五道口商场,学生 B 想去电影院看电影。

2. 两人分为一组,查地图,记录路线,并通过对话表演出来。

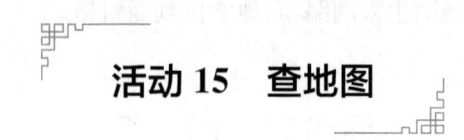

## 活动15　查地图

### 活动目的

学生学会使用手机地图APP。

### 活动准备

【语言准备】

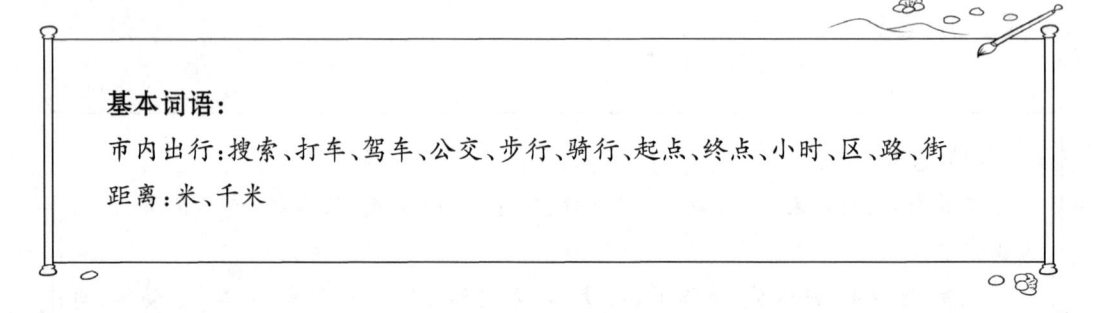

基本词语:
市内出行:搜索、打车、驾车、公交、步行、骑行、起点、终点、小时、区、路、街
距离:米、千米

### 活动步骤

1. 教师先进行地图软件介绍,如百度地图、腾讯地图、高德地图等,再介绍当地景点,如长城、故宫、天坛、前门等。
2. 让学生通过地图查询如何去这些地点。

## 活动16　打车/APP打车

### 活动目的

学生能够熟悉并使用打车用语。

### 活动准备

【材料准备】
网上的打车视频。

## 活动步骤

1. 带领学生观看网上的打车视频,梳理打车用语。
2. 让学生角色扮演以下对话,鼓励学生增加细节。

——师傅,您好,我去火车站。
——好的,请系好安全带。
——师傅我赶火车,10:40的火车,有点儿着急,咱们快点儿开。
——好的,我尽量避开堵车的路段。
——师傅,这儿停一下,我们就在这儿下车。
——这儿不能停车,你们在前边下吧。
——好吧,一共多少钱?
——师傅,在前面天桥停一下就行。
——好的。
——您好,我们的行李放后备箱吧。
——请带好随身物品,拿好行李。请从右边下车。

## 活动17　订购火车票、机票

## 活动目的

学生熟悉订购火车票、机票时的常用语。

## 活动准备

【语言准备】

**基本词语:**
　　火车:12306查询、时长、票价、候补、下单、火车站、火车、高铁、动车、一等座、二等座、站台、特快、直达、普快
　　飞机:网络平台、单程、往返、多程、去程、返程、出发、到达、出票、行程单、机场、航站楼、飞机、经济舱、商务舱

## 活动步骤

(一) 火车出行

分小组,角色扮演以下对话。

(1) 在火车站购买火车票。

——您好,我们想买从北京到上海的火车票。

——哪天的?

——11月21日的。

——上午还是下午?

——上午10点多有吗?

——10点多没有了,11点多的可以吗?

——9点多的有吗?

——9点40分,有高铁、动车和特快。

——坐高铁要多长时间?

——高铁4个多小时。

——动车呢?

——动车5个多小时。

——动车多少钱?

——一等座350块,二等座280块。

——那要二等座。

——您要几张?

——两张。

——好的,请把护照给我。

——两张北京到上海的动车票,二等座,9:40北京站出发,12:55到上海站,一共560元,一起付还是单独付?

——一起付吧。

——谢谢你,我回去用微信发红包给你。

——不客气。

(2) 在火车站改签或退票。

爱玛要在9:40从北京坐火车去上海,但是她到火车站的时候已经晚了,她想要改签成其他的火车票。

——您好,我想改签/退火车票。

(二) 飞机出行

1. 教师带着学生一起熟悉网上购票软件。

2. 爱玛和安迪11月21日至27日要从上海到北京旅行,查一查从北京到上海有哪些航班？如果爱玛和安迪的预算是各 1 500 元,哪个航班最适合他们？

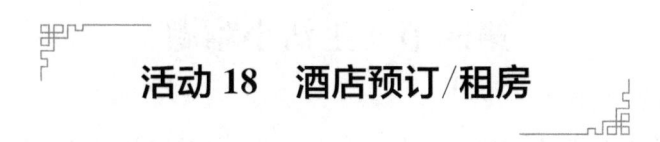

## 活动 18　酒店预订/租房

### 活动目的

完成酒店预订或租房任务。

### 活动准备

【语言准备】

> 基本词语：
> 　　住宿：入住、退房、月、日（号）、标准间、大床房、成人、儿童、前台、酒店大厅、房卡、入住、退房、订单、送机服务
> 　　生活用品：床单、被子、枕头、睡衣、拖鞋、毛巾、洗发水、沐浴露、牙刷、牙膏、衣架、吹风机、电脑、Wi-Fi、密码、空调、电视机、冰箱、无线网络、双人床、衣柜、桌子
> 　　租房用语：押一付三、月租、保洁

### 活动步骤

（一）酒店预订

爱玛和安迪 11 月 21 日至 27 日要从上海来北京旅行,请帮助他们找一家合适的酒店,推荐给他们。

1. 将学生分为不同小组。每组学生要展示在携程、缤客、飞猪等 APP 上的实际搜索房源照片、地点、价格及配套设施,并介绍给大家。

2. 请大家投票,看看哪一组找的酒店最受欢迎。

（二）租房

安迪的妈妈下个月要来中国看他,安迪想帮他妈妈租一间学校附近的房子,租期为三个月。

1. 将学生分为不同小组。每组学生要展示在链家、我爱我家等 APP 上的实际搜索房源照片、地点、价格及配套设施,并介绍给大家。

2. 请大家投票,看看哪一组找的房源最受欢迎。

## 第四节　生活小难题

本节主要围绕国际学生在华学习生活中可能遇到的健康与财务安全问题进行任务设计，通过学习和使用请假、就医、寻物等相关语言，帮助学生在生病、遗失物品等情境下进行良好的交际沟通。

### 活动 19　请　假

**活动目的**

学生能够了解考勤规定，学会写请假条。

**活动准备**

【语言准备】

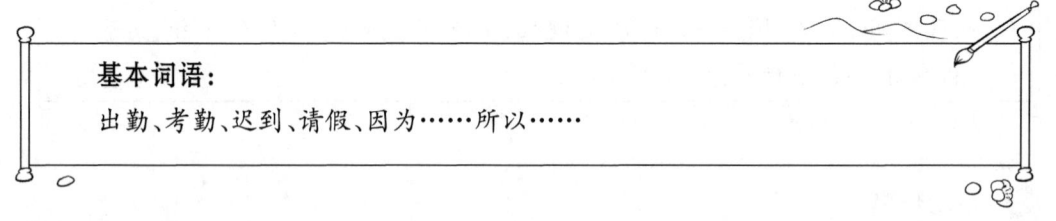

基本词语：
出勤、考勤、迟到、请假、因为……所以……

**活动步骤**

1. 教师提问，如果生病了，或者有事不能上课，应该怎么办？
2. 带领学生阅读考勤规定：

学生应该按时上课，不可以旷课、迟到或早退。

缺课超过三分之一，不能参加期末考试，成绩为0分。

因为生病或其他原因不能按时上课，应该提前告诉老师，并提交请假条。

3. 请假条的要素：个人信息、请假时间、请假缘由。

请假条

××老师：

　　您好，我是　　　　，今天感冒发烧了，很不舒服，不能去上课，请假一天，希望您能批准。

请假人：

日期：

## 活动 20　看　病

### 活动目的

学生能够熟悉使用看病就医时的基本用语。

### 活动准备

【语言准备】

**基本词语：**
个人信息：身高、体重，身体部位名称
疾病：发烧、感冒、牙疼、嗓子疼、咳嗽、头疼、流鼻涕
治疗保健方法：吃药、打针、戴口罩
用法用量：每日一次、一日三次
健康习惯：个人卫生、用眼健康

### 活动步骤

让学生角色扮演表演以下对话，鼓励学生自行增加细节。

1. 挂号

—您好，请问在哪儿挂号？
—那边的窗口可以挂号。
—把学生卡给我。
—给您。
—挂什么科？
—内科/外科

2. 看病

—大夫，您好！
—你怎么了？哪里不舒服？
—我鼻塞，流鼻涕，咳嗽，嗓子疼，头疼，还发烧。/我肚子疼，拉肚子了。/我手破了，流血了。
—给你开两盒药吧。一天三次，一次两片。饭后半个小时服用。

3. 请假

——老师,我感冒了,头疼,我想请假。

——你吃药了吗?

——已经吃了。

——好的,那好好休息吧,但是作业明天要交。

## 活动 21　我的卡丢了

### 活动目的

学会写寻物启事。

### 活动准备

【材料准备】

教师提前收集一些中文书写的寻物启事,制作一份寻物启事模板。

### 活动步骤

1. 带领大家一起看几则寻物启事,看看寻物启事都在找什么。

2. 引导学生说出写寻物启事时的几点要素:时间、丢失地点、联系人和联系方式等。

3. 情境设定:安迪昨天上午去操场踢球,回到宿舍后发现学生卡不见了,请帮他写一封寻物启事。

## 活动 22　寻找好心人

### 活动目的

帮助安迪找到好心人。

### 活动准备

【材料准备】

人物信息卡(见表 5-4)。

表 5-4　人物信息卡

| 姓名 | 基本情况 |
|---|---|
| 杨先生 | 健身房会员，每天晚上 6:00～8:00 都会来健身房游泳 |
| 李小姐 | 健身房游客，昨天下午 5:00 来健身房参观 |
| 张阿姨 | 健身房保洁阿姨，昨天下午 6:00～8:00 来健身房上班，打扫了女生浴室 |
| 王教练 | 安迪的教练，昨天下午 4:40～5:20 一直在指导安迪健身 |

### 活动步骤

情景铺垫：安迪是一个留学生，昨天他把自己的学生卡弄丢了，他很着急，来到健身房询问。

1. 学生两两分组，角色扮演，练习对话。

（前台）

安迪：您好，我是健身房的会员，我昨天下午 4:30～5:30 在这里跑步，请问是否有人捡到了我的学生卡？

前台：先生您好，请问您叫什么名字？

安迪：安迪，安静的安，走之旁加一个由的迪。

前台：好的，请稍等，我查看一下。……是的，这里有您的一张学生卡。

安迪：太好了，谢谢您。对了，请问您知道是谁捡到的吗？我想表示一下感谢。

前台：不好意思，我不太清楚。

2. 请出两组学生到前面演示对话。

3. 前台给了安迪一些信息，希望帮助他找到好心人。

将学生三至四人分为一组，讨论一下谁是最有可能捡到卡的人。

4. 每组学生分享并分析结果。

## 第五节　学习与工作

学习是在华国际学生的首要任务，工作是在华国际学生的潜在需求。本节主要围绕国际学生在华学习与求职过程中的需求，让国际学生通过学习和使用与考试、成绩、求职相关的语言，顺利达成相关交际目的。

### 活动 23　看懂成绩单

#### 活动目的

学生能够了解成绩构成，看懂中文成绩单。

#### 活动准备

【语言准备】

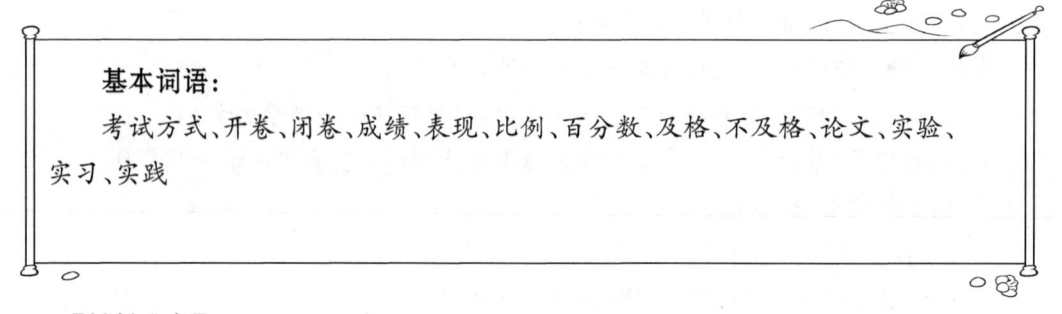

**基本词语：**
考试方式、开卷、闭卷、成绩、表现、比例、百分数、及格、不及格、论文、实验、实习、实践

【材料准备】

一份成绩单（见表 5-5）。

#### 活动步骤

1. 带领学生了解成绩的构成。

不同的课程有不同的成绩计算方法：有的课程有实验，有的课程有论文，有的课程要做报告。比如，王老师的汉语课的总成绩由四个部分组成：考勤占 10%，平时作业占 20%，期中考试成绩占 30%，期末考试成绩占 40%。满分是 100 分，60 分及格。

2. 提问：一个学生每次上课都参加，但是没有交作业，期中考试考了 60 分，期末考试考了 70 分，他的总成绩是多少？他及格了吗？

3. 一起翻译一份成绩单，可以试着翻译自己以前的成绩单。

表 5-5　北京林业大学学生成绩单

| 学号： | | | | 专业： | | | |
|---|---|---|---|---|---|---|---|
| 姓名： | | | | 学院： | | | |
| 学生类别： | | | | | | | |
| 序号 | 课程名称 | 课时 | 学分 | 课程性质 | 学期 | 成绩 | 备注 |
| 1 | | | | | | | |
| 2 | | | | | | | |
| 3 | | | | | | | |
| 4 | | | | | | | |
| 5 | | | | | | | |
| 课程总学分 | | 公选 | | 总学分 | | | |
| | | 必修 | | | | | |
| | | 选修 | | | | | |

## 活动 24　认识 HSK 考试

### 活动目的

学生能够了解 HSK 考试,更好地准备考试。

### 活动准备

【语言准备】

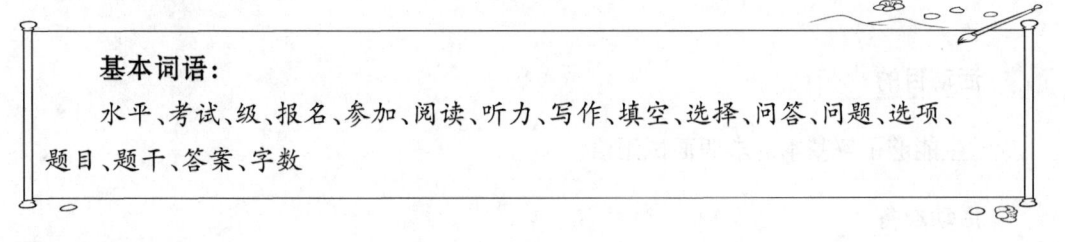

基本词语：
水平、考试、级、报名、参加、阅读、听力、写作、填空、选择、问答、问题、选项、题目、题干、答案、字数

### 活动步骤

1. 教师带领学生一起通过网络获取 HSK 考试相关信息,回答以下问题：
什么是 HSK 考试？
HSK 考试一共有几级？有几种考试形式？
什么时候有 HSK 三级考试？
如果 7 月需要 HSK 成绩,那么应该什么时候报名？怎么报名？

每场 HSK 三级考试需要多长时间？

2. 请学生谈一谈对 HSK 的了解，计划什么时候参加考试。

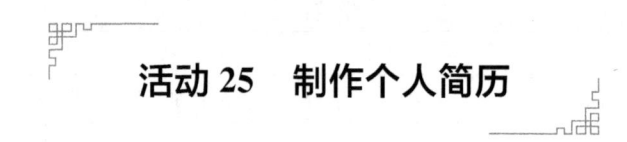

## 活动 25　制作个人简历

### 活动目的

学生能够用中文制作个人简历。

### 活动准备

【材料准备】

教师在网上搜索简历模板及招聘网站信息。

### 活动步骤

1. 教师带学生复习个人基本信息、教育背景、工作经历、社会实践、获奖情况、自我评价、兴趣爱好等。

2. 教师讲解简历中的基本模块。要针对某个岗位，有针对性地撰写简历。鼓励学生自行增加模块，突出自身亮点。

3. 让学生自选平台，可使用网络招聘平台进行简历在线制作，也可直接填写简历模板。

## 活动 26　求职面试

### 活动目的

学生能够了解基本的求职面试用语。

### 活动准备

【语言准备】

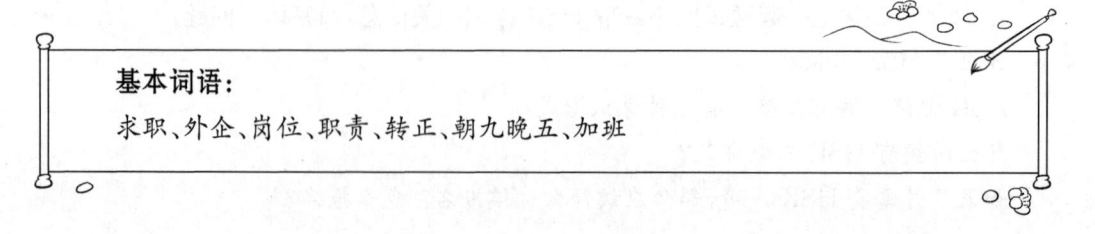

**基本词语：**
求职、外企、岗位、职责、转正、朝九晚五、加班

### 活动步骤

1. 征集学生的理想职业。
2. 与学生一起针对这些职业、岗位提一些面试问题,精选四至五个问题。
  例如:你会说汉语吗?
  　　　你是学什么专业的?
  　　　有过相关的实习经历吗?
  　　　实习之后可以转正吗?
  　　　你有什么兴趣、爱好?
3. 请学生课后先进行准备。从学生中选拔几名面试官,模拟面试场景,进行提问。
4. 学生之间进行讨论:你喜欢朝九晚五的工作,还是时间自由的工作?

## 第六节　交往与分享

交往与分享活动能够扩大国际学生的交际范围,本节通过设置交际与分享任务,让国际学生通过学习和使用祝福、邀请、描述、比较等语言,完成邀请、祝福、分享日常生活、文化比较等任务,帮助国际学生达成相关交际目的。

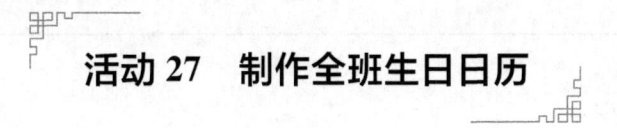

### 活动 27　制作全班生日日历

#### 活动目的

学生能够掌握日期询问句型,熟练掌握日期使用,并快速融入班级,活跃集体氛围,增强班级凝聚力。

#### 活动准备

【材料准备】
制作班级生日日历表(见表 5-6)。

表 5-6　生日日历表

| 姓名 | 生日 | 姓名 | 生日 |
| --- | --- | --- | --- |
|  |  |  |  |
|  |  |  |  |

### 活动步骤

1. 两人一组,在一分钟时间内,互相询问对方生日并记住。
2. 让学生依次介绍搭档的生日,教师根据学生的介绍做好记录。
3. 全班一起按照日期将学生生日排序,填写在生日日历表上。
4. 依据课程设置情况以及学生人数,可在生日当天或生日周为学生庆祝生日。活动形式可包括:每人写一张生日祝福卡片、齐唱生日歌等。

## 活动 28　我爱中文班

### 活动目的

中文班的学生们在一起学习了一个学期,在课程结束的时候,让学生们每人制作一些祝福卡片,送给老师、同学表达美好的祝福。

### 活动准备

【语言准备】

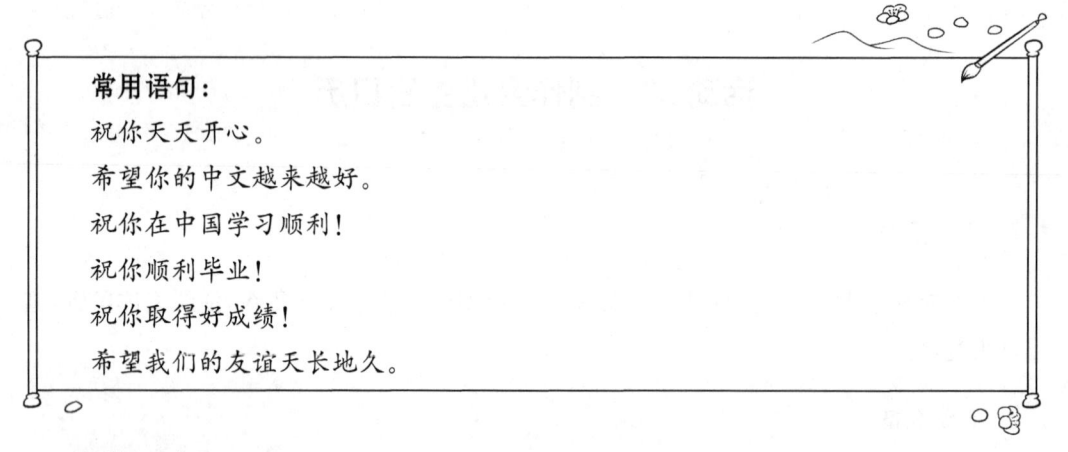

**常用语句:**
祝你天天开心。
希望你的中文越来越好。
祝你在中国学习顺利!
祝你顺利毕业!
祝你取得好成绩!
希望我们的友谊天长地久。

【材料准备】
购买卡片,或者使用教材提供的卡片模板。

### 活动步骤

1. 让学生课前先收集一些贺卡,可以是节日贺卡、生日贺卡或毕业贺卡等。
2. 带领大家一起看一看不同类型的贺卡。
3. 让学生动手写卡片。

## 活动 29　制作邀请函

### 活动目的

制作一个邀请函。

### 活动准备

【材料准备】
教师提前制作邀请函模板。

### 活动步骤

1. 让学生提前收集一些邀请函。
2. 带领大家一起看几封邀请函。
3. 引导学生说出邀请函的几点要素：称呼、感谢、活动内容、活动时间、活动地点、邀请人等。
4. 情境设定：国际学生的元旦晚会要到了，带学生亲手为导师们制作一封邀请函。
5. 鼓励学生将亲手制作的邀请函送到导师手中。

## 活动 30　欢迎来我家

### 活动目的

学生能够熟练使用做客时的礼貌用语，注重中国人做客的礼仪。

### 活动准备

【语言准备】

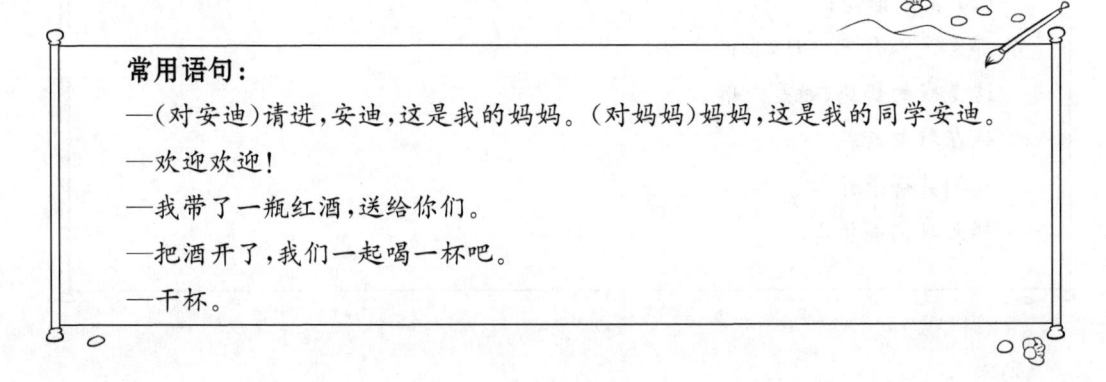

**常用语句：**
——(对安迪)请进，安迪，这是我的妈妈。(对妈妈)妈妈，这是我的同学安迪。
——欢迎欢迎！
——我带了一瓶红酒，送给你们。
——把酒开了，我们一起喝一杯吧。
——干杯。

—你做的菜太好吃了！

—时间不早了，我们就不打扰了！

—欢迎再来我们家。

### 活动步骤

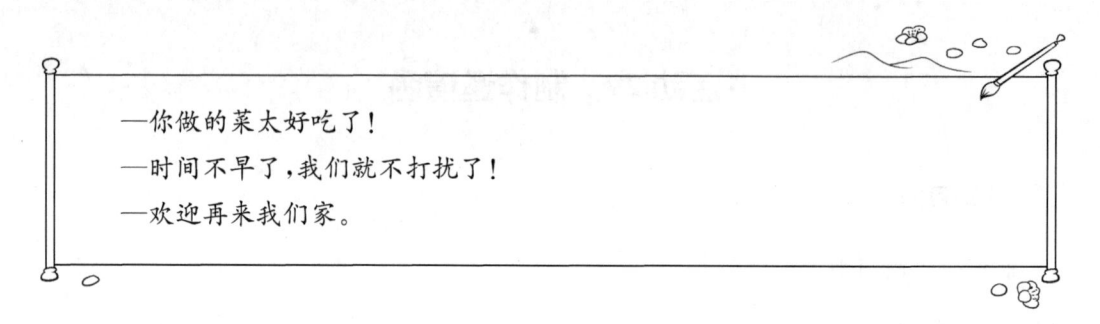

1. 学生四至五人一组，依次表演各自国家的做客礼仪或餐桌礼仪，其他组学生看完表演后，概括出表演的核心。

例如：在巴基斯坦，去别人家做客的时候应该……，不应该……

2. 带领大家一起讨论：不同的国家做客和餐桌礼仪的相同点与不同点。

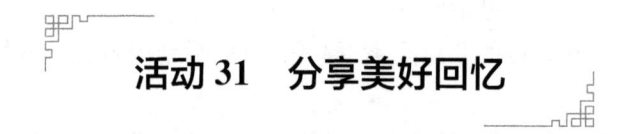

## 活动31　分享美好回忆

### 活动目的

让学生学会用中文介绍过去的某个场景、事件等。

### 活动准备

【语言准备】

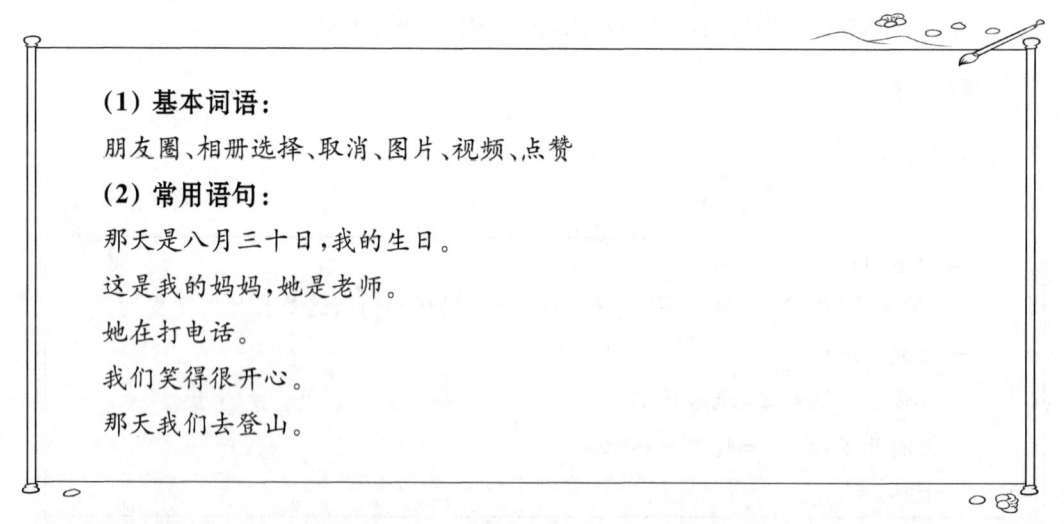

**(1) 基本词语：**
朋友圈、相册选择、取消、图片、视频、点赞

**(2) 常用语句：**
那天是八月三十日，我的生日。
这是我的妈妈，她是老师。
她在打电话。
我们笑得很开心。
那天我们去登山。

### 活动步骤

1. 让学生提前拍一张照片或一段视频。
2. 让学生用中文介绍照片或视频中的情景，包括时间、地点、人物、事件等内容。
3. 带学生一起熟悉微信的使用，教学生学会如何发朋友圈。
4. 鼓励学生将图文发布到微信的朋友圈，注意征求学生意见，如学生考虑到隐私保护，可设置为班级内朋友可见。
5. 进行在线集赞，依据班级学生人数多少，设置每名学生投票数约为全班人数的1/4。谁收到的点赞数最多，可进行适当奖励。

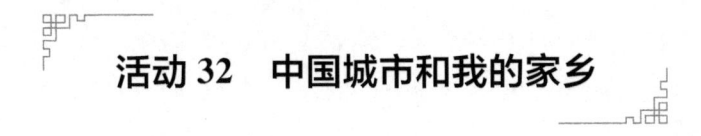

## 活动32　中国城市和我的家乡

### 活动目的

学生能够了解熟悉中国主要省市的方位及特色，展示各国文化。

### 活动准备

【语言准备】

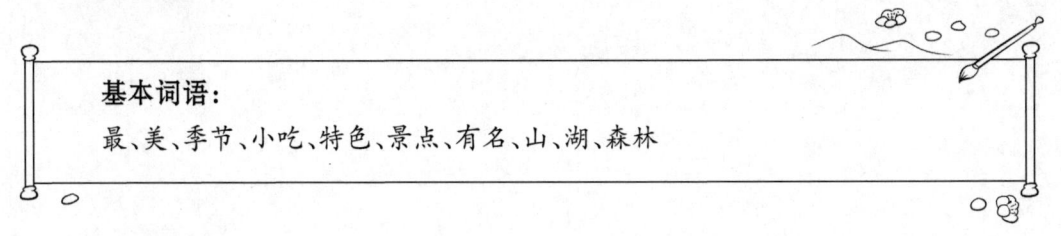

基本词语：
最、美、季节、小吃、特色、景点、有名、山、湖、森林

【材料准备】
中国地图。

### 活动步骤

1. 将学生分成四个小组，每组三至四人，用PPT的形式重点介绍主要省市的方位、特色。

A组　北京、上海、广州
B组　西安、成都
C组　哈尔滨、武汉
D组　新疆、西藏

2. 介绍家乡：请学生用PPT展示家乡之美。

# 第六章 中国文化体验活动

语言是文化的载体,处处体现着文化;文化是语言的根基,让语言得以存在和发展。语言和文化互为基石,相辅相成。中国具有悠久的历史文化,汉语的教学自然离不开文化的教学,文化学习会对语言学习产生深刻的影响。

文化教学是对外汉语教学的重要组成部分,文化活动的开展则是文化教学及文化传播的重要方式。中国文化体验活动是培养留学生对中华文化的理解力、亲近力的重要途径。本章依据文化教学的需要整理设计了一系列文化体验活动,采取课内外结合的方式多层次开展中华文化体验活动,如通过开设太极拳、太极扇等中国武术课程,中国茶艺、陶艺、书画、剪纸、京剧等艺术类课程,组织名胜考察、中国古迹探寻等文化活动,进行包饺子等中国饮食文化的操作活动等,让学生体验这些中国古老艺术的源远流长和勃勃生机,在亲身实践中感受中国文化的魅力。

## 活动 1　学唱中文歌

### 活动目的

通过音乐感受中国文化,学生能够提高对中文和中国文化的兴趣。

### 活动准备

歌曲音频;复印带拼音歌词单。

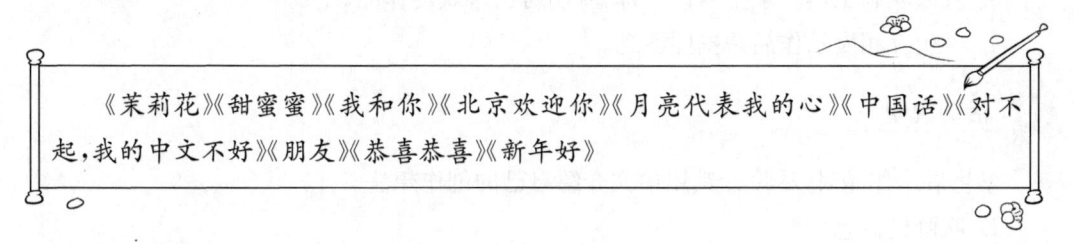

《茉莉花》《甜蜜蜜》《我和你》《北京欢迎你》《月亮代表我的心》《中国话》《对不起,我的中文不好》《朋友》《恭喜恭喜》《新年好》

### 活动步骤

1. 组织学生按规定坐好,发放歌词单,准备听音乐。
2. 多媒体播放准备好的歌曲。
3. 学生对歌曲有第一感觉后,教师展示歌词,解释大意。学生学读歌词,教师纠正读音。
4. 教师示范唱,学生跟唱、练唱。齐唱、独唱、分组唱的方式交叉进行。
5. 学生讲述对歌曲的感觉,教师点评。
6. 全体学生合唱结尾。

### 活动说明

学生练唱过程中,教师调动气氛,适时表扬,同时不忘纠音。学生经过一段时间的汉语学习后,可组织进行中文歌曲大赛。

## 活动 2　吹墨梅花

### 活动目的

了解中国水墨画的基本知识。学习梅花在中国的文化含义。

### 活动准备

1. 吹画教学视频。
2. 吹画工具:墨水、毛笔、吸管。

### 活动步骤

1. 教师介绍中国水墨画基本知识及吹画的起源、发展和注意事项,介绍梅花在中国文化中的含义。
2. 教师播放吹画视频供学生学习如何吹画。
3. 发放吹画工具。学生自由发挥,吹出自己喜欢的作品。
4. 学生互相展示作品并拍照留念。

### 活动说明

学生展示作品时,尽量让其用中文介绍自己的创作想法。

1. 吹画的概念:

吹画是将墨汁或某种颜色的颜料沾一些在纸上,用嘴吹来代替画笔作画,一般线条都是用吸管来吹墨珠。它不但非常简单易学,而且作画过程趣味盎然。与此同时,画者可以根据自己的创意喜好等即兴作画。

2. 如何吹画:

一般线条都是用吸管来吹墨珠,用嘴直接吹墨珠也行,但没吸管均匀,还有利用一些工具,像牙刷、刷子之类的,用刷子沾好墨水,来吹出一些特殊效果,如大面积背景等。

首先要有一张纸,能让色彩在上面流动;然后是颜料,应该是液体的,或者调制成液体,把颜料滴或泼在画纸上,用嘴或其他工具吹动颜料,使之产生流动,变化出造型奇特的画面。吹画可以产生意想不到的效果,这也是许多人喜爱它的原因。

3. 梅花的传统文化含义：

梅花是中国十大名花之首，与兰花、翠竹、菊花一起被称为"四君子"，与松、竹并称为"岁寒三友"。在中国传统文化中，梅以它的高洁、坚强、谦虚的品格，给人以立志奋发的激励。在严寒中，梅开百花之先，独天下而春。

## 活动3 剪　纸

### 活动目的

了解传统民俗剪纸和红色在中国的文化意义，以及婚俗文化。

### 活动准备

1. 制作介绍剪纸的PPT。
2. 在黑板上画出"囍"的剪纸图示。
3. 准备剪纸材料：红纸、剪刀若干。

### 活动步骤

1. 教师向学生介绍剪纸的来源、图案和寓意。
2. 教师讲解并演示"囍"字的剪法。
3. 对照着黑板上的简图和幻灯片的步骤，学生在教师的指导下剪出"囍"字。
4. 学生展示作品，拍照留念，互赠自己的作品。

### 活动说明

在时间充裕的情况下，教师可向学生进行窗花的教学示范，如四角窗花（莲花）和六角窗花，鼓励学生自由创作。

## 活动4 筷子夹夹夹

### 活动目的

学生能够掌握筷子的使用方法，了解东方饮食文化和餐桌礼仪。

### 活动准备

筷子、豆子、盒子若干。

### 活动步骤

1. 教师向学生介绍筷子的发展简史、寓意和正确使用方法。

例如：可给学生观看央视《一双筷子》视频，帮助学生理解筷子传递的中华血脉亲情。

2. 学生两人一组，每组一个盒子，内装同样数量的豆子。用筷子夹出豆子，可若干组同时进行比赛，每人半分钟，看看谁夹得最多。

3. 比赛结束后，学生可以互相交流使用筷子的体会。

### 活动说明

可改成全班同学分为两组，轮流使用筷子夹物，每个人夹一个小物品，可以是相同或不同的小物件，但两组的物件和数量要相同，看看哪一组完成得最快。

## 活动5　你喜欢哪种音乐？

### 活动目的

帮助学生了解中国传统民族乐器和古典音乐。

### 活动准备

传统乐器介绍PPT，经典曲目表演视频及音频资料。

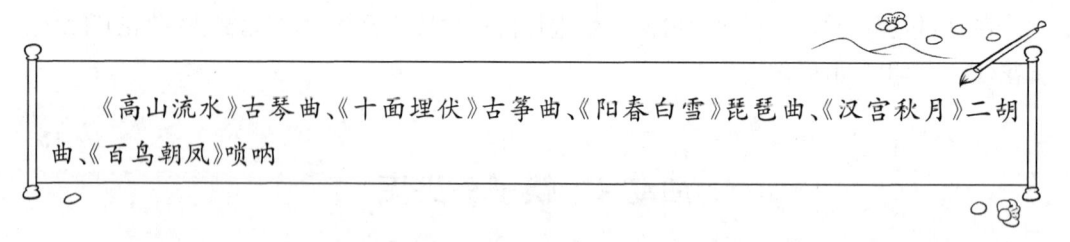

《高山流水》古琴曲、《十面埋伏》古筝曲、《阳春白雪》琵琶曲、《汉宫秋月》二胡曲、《百鸟朝凤》唢呐

### 活动步骤

1. 教师向学生介绍中国古代音乐知识。

八音：金、石、土、革、丝、木、匏、竹。

九大传统乐器：埙、古琴、古筝、琵琶、二胡、排箫、笛子、筚篥、编钟。

民间乐器：葫芦丝、锣、鼓、唢呐。

2. 教师带领学生观看、欣赏音乐名曲并讲述相关故事。

例如:《高山流水》《广陵散》《梅花三弄》《十面埋伏》《渔樵问答》《梁山伯与祝英台》《春江花月夜》等。

3. 教师随机播放一小段音乐,让学生猜一猜是哪一种乐器的演奏,看看哪位学生反应最快。

4. 教师播放一小段音乐,让学生闭上眼睛听两遍。学生试着体会音乐表现了什么,把感悟告诉全班,最后由教师介绍。

### 活动说明

教师讲解时注意强调,葫芦丝是一种少数民族乐器,可顺带提及其他多种少数民族乐器。唢呐虽然最初是从波斯传入,但在中国有了自己独特的文化。

有条件也可以邀请音乐方面的名家进入校园举办讲座并表演,或邀请本校有特长的中国学生,激发学生对中国传统音乐的喜爱之情。

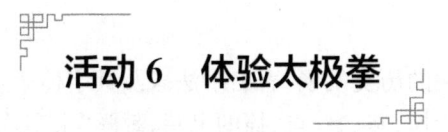

## 活动 6　体验太极拳

### 活动目的

帮助学生了解中国传统太极文化。

### 活动准备

1. 制作介绍太极拳文化的 PPT。
2. 邀请太极拳专业老师(或者准备相关视频)。
3. 确定好活动场所。

### 活动步骤

1. 教师用 PPT 讲解中国太极文化,讲解太极包含的以柔克刚、内外兼修、天人合一的文化精髓。
2. 请太极拳专业教师讲解太极拳基本步法和动作要领,并加以演示(或看太极拳教学视频)。
3. 学生跟学,尝试表演。

### 活动说明

如果不方便请专业教师,可以让学生根据视频进行学习。教师事先掌握动作要领和基本步法，或邀请晨练的退休教师和学生一起活动。

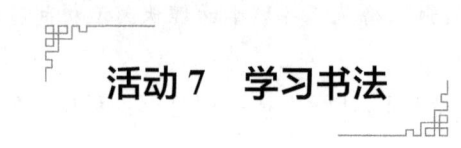

## 活动 7　学习书法

### 活动目的

帮助学生了解书法的历史发展，了解传统书写工具（笔墨纸砚），进一步培养对汉字的兴趣。

### 活动准备

1. 制作书法介绍 PPT。
2. 材料：毛笔、墨水、纸（白纸或废报纸练习，红纸写"福"字留念）。

### 活动步骤

1. 教师介绍中国书法的历史发展，著名书法家及其字体。
2. 教师示范基本笔画横、竖、撇、点、捺的书写，教学"永字八法"。
3. 学生尝试书写基本笔画和"永"字。
4. 教师教授学生写"福"字。学生也可以试着书写自己的名字。

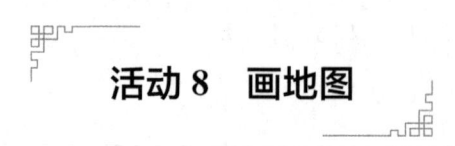

## 活动 8　画地图

### 活动目的

学生通过动手画自己国家的地图，掌握方位的表达。

### 活动准备

【语言准备】

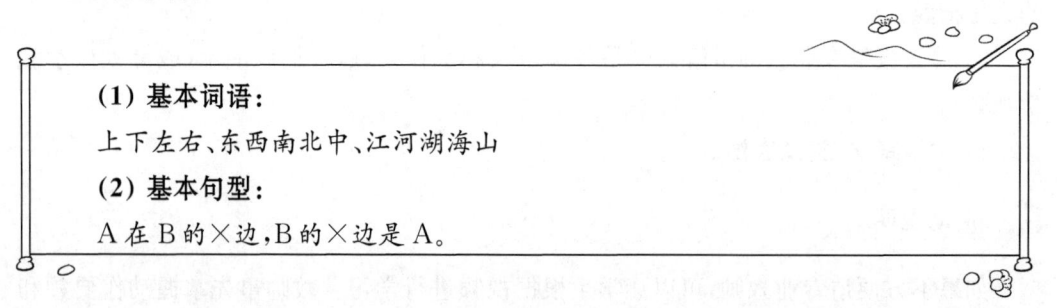

(1) 基本词语：
上下左右、东西南北中、江河湖海山
(2) 基本句型：
A 在 B 的×边，B 的×边是 A。

## 活动步骤

1. 教师出示中国地图，介绍上下左右、东西南北中的地理概念和中国的主要山川湖泊。
2. 学习句子。

例如：北京在中国北部。
　　　上海在中国东部。
　　　湖南在洞庭湖南边。
　　　山东在太行山东边。

3. 学生画地图，并介绍自己国家与中国的方位关系，周边的国家或者自己国家的主要城市。

## 活动说明

学生可使用在线词典翻译，地名可以直接用英文名。教师应当加以指导。

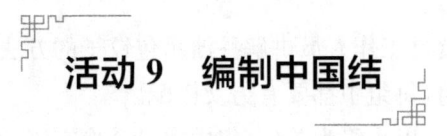

# 活动 9　编制中国结

## 活动目的

了解中国传统文化，体验和学习民间手工编制技艺。

## 活动准备

1. 中国结文化介绍 PPT。
2. 中国结（纽扣结、吉祥结、手绳）编制视频。
3. 编制中国结材料（红绳、纸板、珠针）。

## 活动步骤

1. 教师用 PPT 为大家讲解中国结的由来、发展史、种类、编制方法等。
2. 组织学生观看中国结编制视频。
3. 在教师的带领下，学生编制纽扣结、十字结、吉祥结。

## 活动说明

纸板可自行用纸盒提前剪裁好，学生根据情况分为三至五人一个小组，选择各自最喜欢的编结样式或共同努力完成作品。

## 活动 10　冬至包饺子

### 活动目的

了解饺子在中国饮食文化中的重要性,体会团圆文化。感受冬至节日温暖,增强留学生的归属感。

### 活动准备

饺子皮、饺子馅儿。

### 活动步骤

1. 教师讲解冬至日传统习俗:北方吃饺子,南方吃汤圆。让学生了解中华饮食的团圆含义。
2. 教师本人或邀请食堂工作人员讲解并演示包饺子的方法、技巧和注意事项。
3. 将学生分为若干组,每组中都要有男女搭配。
4. 学生进行初步尝试,以小组为单位,组内成员合作交流,熟悉包饺子的基本流程。
5. 学生小组之间相互交流,切磋学习,完成整个包饺子的过程。
6. 每组选出两个最优美、最别致的饺子,参加"最美饺子"评比。

### 活动说明

考虑穆斯林学生的饮食禁忌,饺子馅儿最好以牛肉和蔬菜为主。有些巧手学生能包出各种花样翻新的饺子形状,注意及时加以表扬与鼓励。

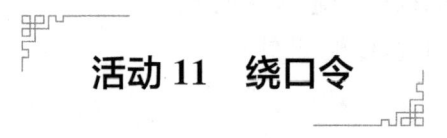

## 活动 11　绕口令

### 活动目的

训练学生分辨极易混淆的声母、韵母或声调,从语音和意义两方面了解绕口令的读法与其背后蕴含的文化含义。

**学习内容:**

辨析同音不同调,如"费"和"废"(练习绕口令:发废话花费话费,回发废话会费话费)。

辨析舌根音,如"g""k""h"(练习绕口令:瓜藤开花花结瓜,娃娃爱花也爱瓜)。

## 活动准备

教师根据学生水平，在黑板上书写或在PPT上展示不同类别的适合学生的绕口令。
备选绕口令：

1. 吃葡萄不吐葡萄皮，不吃葡萄倒吐葡萄皮。
2. 八百标兵奔北坡，炮兵并排北边跑。炮兵怕把标兵碰，标兵怕碰炮兵炮。
3. 四是四，十是十，十四是十四，四十是四十。
4. 车上有个盆，盆里有个瓶，砰砰砰，不知是盆碰瓶还是瓶碰盆。
5. 知道就说知道，不知道就说不知道；不要知道装不知道，也不要不知道装知道，一定要不折不扣真知道。
6. 白石塔，白石搭，白石搭白塔，白塔白石搭。搭好白石塔，白塔白又大。
7. 肩背一匹布，手提一瓶醋，走了一里路，看见一只兔。卸下布，放下醋，去捉兔。跑了兔，丢了布，洒了醋。
8. 费家有面粉红墙，粉红墙上画凤凰。凤凰画在粉红墙，红凤凰、黄凤凰、红凤凰看黄凤凰，黄凤凰看红凤凰。粉凤凰、飞凤凰，粉红凤凰花凤凰，全都仿佛活凤凰。
9. 老龙恼怒闹老农，老农恼怒闹老龙，农怒龙恼农更怒，龙恼农怒龙怕农。
10. 牛郎年年恋刘娘，刘娘连连念牛郎，牛郎恋刘娘，刘娘念牛郎，郎恋娘来娘念郎。

## 活动步骤

1. 教师准备好绕口令后，由学生按照顺序依次试读。
2. 可由其他学生进行初步判断准确与否，后由教师进行正确示范。
3. 加快语速，可进行小组比拼，看看哪组读得又快又准。

## 活动说明

1. 绕口令可由简入难，根据不同难度等级进行针对性训练。
2. 采用个人或小组比拼形式，加深学生记忆。

## 活动 12　文化谐音你来猜

### 活动目的

以谐音为桥梁,教师通过文字和图片联想,帮助学生掌握中国传统文化名词。

### 活动准备

从地理名词、传统食物名词、传统节日名词等角度准备相应图片。
备选谐音词汇:

1. 地理名词:章鱼＋加号＋戒指＝张家界;白云＋男孩＝云南;↑＋海＝上海
2. 传统食物名词:马＋花＝麻花;8＋包子＋船＝八宝粥
3. 传统名著人物:王冠＋西瓜＋枫叶＝王熙凤;糖果＋僧人＝唐僧
4. 传统节日:青草＋太阳＝清明;辣椒＋8＝腊八
5. 传统艺术形式:花＋鼓＋西瓜＝花鼓戏

### 活动步骤

1. 教师发给每个学生几组图片。
2. 每个学生根据手中的图片进行组词,五至十分钟后由教师公布答案。
3. 根据图片内容,教师向学生介绍该词语的文化背景,帮助学生了解其含义。

## 活动 13　历史人物知多少

### 活动目的

训练学生对人物的概括能力,学习历史人物所处的时代背景或文化内涵及其主要贡献。

### 活动准备

收集或者印制关于不同历史人物的小卡片,数量与班级的学生人数相同。

备选历史人物类别：

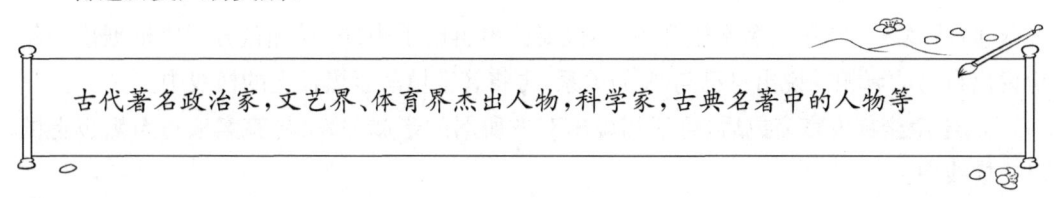

古代著名政治家、文艺界、体育界杰出人物、科学家、古典名著中的人物等

### 活动步骤

1. 卡片背面标注序号。
2. 将卡片排列成两至三排，背面朝外，固定在教室前方。
3. 教师让学生任意抽取一张，翻看卡片正面。
4. 由学生说出卡片中历史人物名字及主要贡献或代表作；若不认识，可求助其他学生或由教师进行解答。

### 活动说明

此题也可换为学生熟悉的当代人物，题目改为"中国名人知多少"。

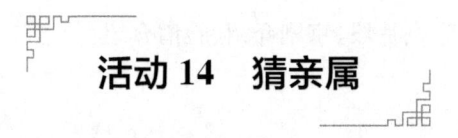

## 活动14 猜亲属

### 活动目的

帮助学生了解中国的十二生肖，属相的历史渊源，初步掌握中国家庭中亲戚的称呼方式。

### 活动准备

【语言准备】

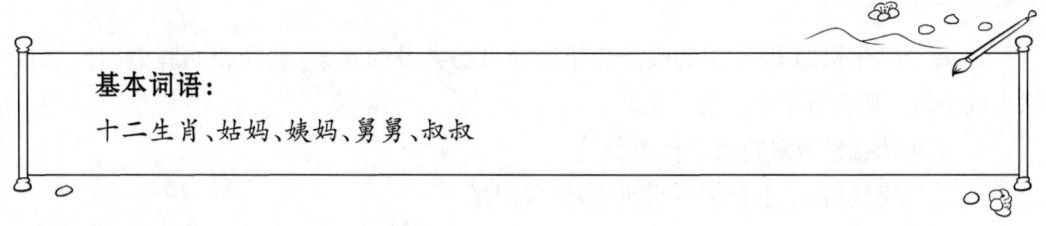

基本词语：
十二生肖、姑妈、姨妈、舅舅、叔叔

【材料准备】

人物身份描述卡片，黑板上简略绘制亲戚关系图。

### 活动步骤

1. 教师将卡片分发至学生手中，每人一个。

2. 学生依次上台。A 同学读出卡片中的内容：我叫×××，今年×岁，我出生于××××年，我属×。从第二名学生开始，不仅要读出自己手中的身份信息，还要根据出生年份说出自己的属相并说出自己与 A 的关系，再将答案填写至黑板上的横线中。

3. 学生全部发言完成后，可互相说出双方所属的亲戚关系，将答案填写至黑板上的对应横线中。

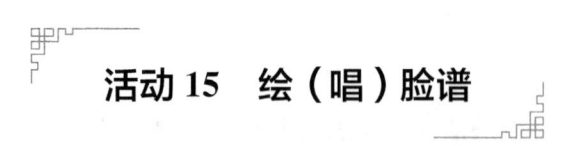

## 活动 15　绘（唱）脸谱

### 活动目的

学生学会欣赏中国京剧脸谱的鲜艳色彩和夸张形象，了解脸谱形象背后蕴含的文化含义。

### 活动准备

制作 PPT：包括经典京剧片段、京剧介绍、脸谱介绍。

【语言准备】

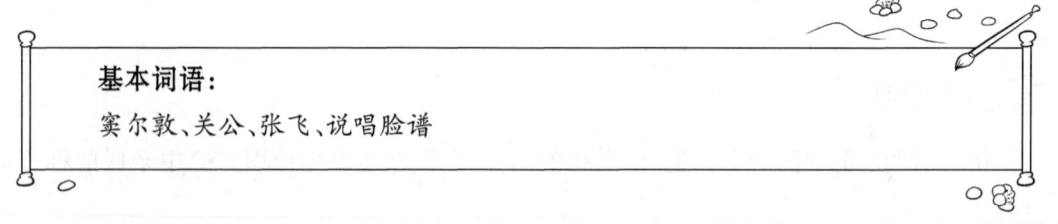

> 基本词语：
> 窦尔敦、关公、张飞、说唱脸谱

【材料准备】

白胚脸谱、画笔颜料、废旧报纸。

### 活动步骤

1. 每个学生根据 PPT 中的脸谱介绍选择自己喜爱的脸谱，选择相同脸谱的同学自然形成小组。四至五个学生为一组。

2. 学生依据模板对脸谱进行填色。

3. 填色完成后，学生介绍本组所绘，加深记忆。

4. 播放《说唱脸谱》片段，学生根据歌词进行学唱，有兴趣的同学可在课后进行模仿并录制小视频。

附录

文化知识

# 一、语音部分

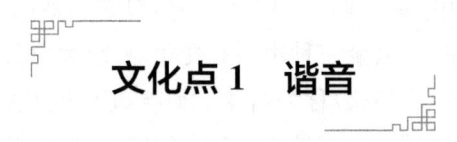

## 文化点 1　谐音

谐音,是利用汉字同音或近音的条件,用同音或近音字来代替本字,产生辞趣的修辞格。不过,谐音也易引起听讲者之间的误会。谐音广泛用于谜语之中。由谐音而衍生的游戏也有许多种,著名的有日本的"语吕合"。以下是几例谐音的应用示范:

1. 福到了

中国传统春节有贴福字的习俗。从明朝起,民间有个习俗:过年时,把"福"字倒贴在门上,借"福倒了"的谐音"福到了"以图吉利,寓意福气来临,表达祝福。

2. 年年有余

年年有鱼是"年年有余"的谐音,可谓中国传统吉祥祈福最具代表性的语言之一,若用图画表示则可看作传统吉祥符号。图中要有莲花或莲藕,还要有鱼,即"莲莲有鱼",代表生活富足,每年都有多余的财富及食粮。

故事:

> 玉皇大帝令龙王急调雨水,速降甘露。龙王收到玉皇大帝命令后,即刻从海上调水,粗心又紧张的龙王不小心把海里的鲸鱼调出来并降落了,龙王怕玉皇大帝责怪,便声称他派鱼到这个地方,希望百姓能年年有余,请求玉皇大帝将这条鱼任命为鱼神,让人间太平、年年有余。

3. 八与发

以前"八"在中国大多数地区,只是作为一个偶数,取其成双成对的意思。如北方农村讲究"三六九出门,二五八回家"。在粤语中,"八"和"发"的读音相似,因此"8"就成了"发"的代名词了。将"八"当作"发"用,寓意"发财致富""恭喜发财",表达人们的美好愿景。

4. 丝与思

在古代,人们用丝瓜,谐音"思挂",用来表达思念和牵挂。

如"春蚕到死丝方尽"中的"丝"字与"思"谐音,意思是:说到自己对于对方的思念,如同春蚕吐丝,至死方休,表现眷恋之深,相思之苦。

## 文化点2　平仄

平仄，是中国诗词中用字的声调。"平"指平直，"仄"指曲折。古代汉语有四种声调，称为平、上、去、入。除了平声，其余三种声调有变化，故统称为仄声。

诗词中平仄的运用有一定格式，称为格律。平声和仄声，代指由平仄构成的诗文的韵律。平仄是四声二元化的尝试。四声是古代汉语的四种声调，平仄是在四声基础上，用不完全归纳法归纳出来的，上声、去声、入声为仄，剩下的是平声。

普通话入声消失，入声归入仄声中的上、去两声和平声中的阴平、阳平，这导致用普通话判别诗词平仄会有错误。

诗词的意境可以给人美感，或可以传情达意，给人启发。平仄可以增强诗句的美感，使诗句读起来抑扬顿挫、朗朗上口。例如：

悯农
[唐]李绅

锄禾日当午，（平平仄平仄）
汗滴禾下土。（仄仄平仄平）
谁知盘中餐，（平平平平平）
粒粒皆辛苦。（仄仄平平仄）

### 活动练习

朗读孟浩然的《春晓》，体会诗句的抑扬顿挫。

春晓
[唐]孟浩然

春眠不觉晓，
处处闻啼鸟。
夜来风雨声，
花落知多少。

## 文化点 3　押韵

押韵,又作压韵、谐韵,是一种诗文创作的修饰技巧,指将韵母互相谐音的文字放在诗文固定的地方(一般在句尾),诗文读起来就十分顺口、悦耳,这种现象叫作押韵。

诗、词、曲押韵规则各有不同,概述如下:

1. 古体诗(包括古风、歌、行、吟)押韵较为宽松,可以换韵,可以押邻韵。
2. 词和曲因词牌、曲牌不同,押韵规则不同。有的规定较严,只能押平声或仄声韵,中间不能换韵;有的规定平仄韵可以通押;有的规定中间必须换韵等。

例如:

**天净沙·秋思**
[元]马致远
枯藤老树昏鸦,小桥流水人家,古道西风瘦马。
夕阳西下,断肠人在天涯。

其中:"鸦""家""马""下""涯"就是押尾韵的文字。

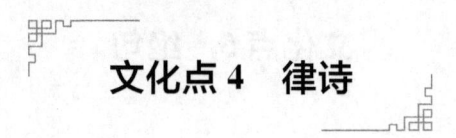

## 文化点 4　律诗

律诗,是唐朝流行起来的一种汉族诗歌体裁,属于近体诗的一种,因格律要求非常严格而得名。常见的类型有五律和七律,一般有几个字说几言。律诗具有以下特点:

1. 句数固定

律诗通常每首八句,超过八句的,则称排律或长律。以八句完篇的律诗,每两句成一联,计四联,习惯上称第一联为首联,第二联为颔联,第三联为颈联,第四联为尾联。每联的上句称为出句,下句称为对句,两句构成对句关系;前联的对句和后联的出句的关系称为邻句关系。

律诗句子字数整齐划一,每句或五言,或七言,分别称五言律诗、七言律诗。五律规定每句五字,全首共四十字;七律规定每句七字,全首共五十六字。

2. 押韵严格

律诗要求全首诗通押一韵,即一韵到底,中间不得换韵。第二、四、六、八句押韵,首句可押可不押。

3. 讲究平仄

律诗每句的句式和字的平仄都有规定:讲究粘和对。广义律诗允许失粘,狭义律诗不允许失粘。"失粘",就是违反后联出句的第二个字和前联的对句的第二个字平仄要求相同的规则。

4. 要求对仗

每首律诗的二、三两联(即颔联、颈联)的上下句惯例是对仗句,首联和尾联可对可不对。

### 活动练习

学习以下五言和七言律诗,试试分析出押韵和对仗。

次北固山下
[唐]王湾
客路青山外,行舟绿水前。
潮平两岸阔,风正一帆悬。
海日生残夜,江春入旧年。
乡书何处达?归雁洛阳边。

黄鹤楼
[唐]崔颢
昔人已乘黄鹤去,此地空余黄鹤楼。
黄鹤一去不复返,白云千载空悠悠。
晴川历历汉阳树,芳草萋萋鹦鹉洲。
日暮乡关何处是?烟波江上使人愁。

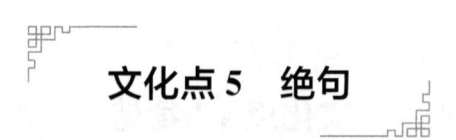

## 文化点5  绝句

绝句,又称截句、断句、绝诗,四句一首,短小精悍。它是唐朝流行起来的一种汉族诗歌体裁,属于近体诗的一种形式。"绝句"一词最早在南朝的齐、梁时代就已出现。

绝句由四句组成,分为律绝和古绝,其中律绝有严格的格律要求。绝句按每句字数,可分为五言绝句、六言绝句、七言绝句。常见的绝句有五言绝句和七言绝句。例如:

五言绝句:

登鹳雀楼
[唐]王之涣
白日依山尽,黄河入海流。
欲穷千里目,更上一层楼。

七言绝句:

九月九日忆山东兄弟
[唐]王维
独在异乡为异客,每逢佳节倍思亲。
遥知兄弟登高处,遍插茱萸少一人。

## 文化点 6　绕口令

绕口令又称急口令、吃口令等,是一种民间传统的语言游戏。由于它是将若干双声、叠韵词或发音相同、相近的词有意集中在一起,将声母、韵母或声调极易混同的字,组成反复、重叠、绕口、拗口的句子,要求快速念出,所以读起来节奏感强,妙趣横生。

对于学生而言,绕口令是语言训练的好素材,认真练习绕口令不仅可以使头脑反应灵活、用气自如、吐字清晰、口齿伶俐,还可以避免口吃,更可以作为休闲逗趣的语言游戏。

1. 简单绕口令

八百标兵奔北坡,炮兵并排北边跑。
炮兵怕把标兵碰,标兵怕碰炮兵炮。

山前有个严圆眼,山后有个杨眼圆,二人山前山后来比眼;
不知严圆眼比杨眼圆的眼圆,还是杨眼圆比严圆眼的眼圆。

2. 经典绕口令

### 嘴和腿

嘴说腿,腿说嘴,
嘴说腿爱跑腿,腿说嘴爱卖嘴。
光动嘴不动腿,光动腿不动嘴,不如不长腿和嘴。

### 鹅过河

哥哥弟弟坡前坐,坡上卧着一只鹅,坡下流着一条河,
哥哥说:宽宽的河,弟弟说:白白的鹅。
鹅要过河,河要渡鹅。不知是鹅过河,还是河渡鹅。

### 算卦的和挂蒜的

街上有个算卦的,还有一个挂蒜的。
算卦的算卦,挂蒜的卖蒜。
算卦的叫挂蒜的算卦,挂蒜的叫算卦的买蒜。
算卦的不买挂蒜的蒜,挂蒜的也不算算卦的卦。

### 活动练习

请学生熟读以上绕口令,比比谁读得快、读得准。

## 文化点 7 　京剧

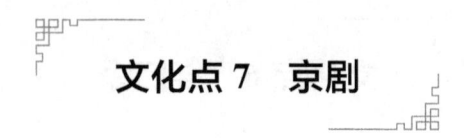

京剧，又称平剧、京戏，是中国影响最大的戏曲剧种，分布地以北京为中心，遍及全国各地。

清代乾隆五十五年（1790年）起，原在南方演出的三庆、四喜、春台、和春四大徽班陆续进入北京，与来自湖北的汉调艺人合作，同时接受了昆曲与秦腔的部分剧目、曲调和表演方法，又吸收了一些地方民间曲调，通过不断的交流、融合，最终形成京剧。

京剧在文学、表演、音乐、舞台美术等各个方面都有一套规范化的艺术表现形式。京剧的唱腔属板式变化体，以二簧、西皮为主要声腔。京剧的角色分为生、旦、净、丑、杂、武、流等行当，后三行已不再立专行。各行当都有一套表演程式，唱念做打的技艺各具特色。

京剧流播全国，影响甚广，有"国剧"之称。以梅兰芳命名的京剧表演体系被视为东方戏剧表演体系的代表，为世界三大表演体系之一。2006年5月，京剧被国务院批准列入第一批国家级非物质文化遗产名录；2010年，被列入联合国教科文组织非物质文化遗产名录（名册）人类非物质文化遗产代表作名录。代表剧目有《打金枝》《群英会》《金玉奴》《霸王别姬》等。

### 活动练习

请你查一查国家大剧院近期的演出预告，预订一场京剧演出，到现场感悟京剧的艺术魅力。也可以选择一个好剧目观看线上演出。

## 文化点 8 　戏曲

中国戏曲主要是由民间歌舞、说唱和滑稽戏三种不同艺术形式综合而成。它起源于原始歌舞，是一种历史悠久的综合舞台艺术样式。经过汉唐到宋金才形成比较完整的戏曲艺术，它由文学、音乐、舞蹈、美术、武术、杂技以及表演艺术综合而成，约有三百六十多个种类。它的特点是将众多艺术形式以一种标准聚合在一起，在共同具有的性质中体现其各自的个性。

中国的戏曲与希腊悲剧和喜剧、印度梵剧并称为世界三大古老的戏剧文化，经过长期的发展演变，逐步形成了以京剧、越剧、黄梅戏、评剧、豫剧五大戏曲剧种为核心的中华戏曲百花苑。

中国戏曲的角色分为：生、旦、净、末、丑。

生：扮演男性人物。有老生、小生、武生等分支。

旦：女角色之统称。有正旦（青衣）、花旦、武旦、老旦、彩旦等专行。

净：俗称花脸。以面部化妆运用各种色彩和图案勾勒脸谱为突出标志，扮演性格、气质、相貌上有特异之点的男性角色。

末：扮演中年以上男子，多数挂须。又细分为老生、末、老外。"老生"所扮角色主要是正面人物的中年男子。"老外"是老年长者，不是外国人。

丑：喜剧角色。由于面部化妆用白粉在鼻梁眼窝间勾画小块脸谱，又叫小花脸。有文丑和武丑两大支系。

## 文化点9　八大方言

汉语的八大方言，有北方方言、吴方言、湘方言、赣方言、客家方言、闽南方言、闽东方言和粤方言。

**北方方言**

习惯上称为"官话"。有东北官话、西北官话、晋话、西南官话等。包括长江以北，镇江以上、九江以下的长江沿江地带，四川、云南、贵州和湖北、湖南两省的西北部，广西北部一带，使用人口占汉族总人数的70％以上。

**吴方言**

吴方言被誉为"吴侬细语"，以上海话、苏州话为代表。包括江苏省长江以南、镇江以东，浙江省大部分。使用人口占汉族总人数的8.4％左右。

**湘方言**

以长沙话为代表，分布在湖南省大部分地区，使用人口占汉族总人数的5％左右。

**赣方言**

以南昌话为代表，主要分布在江西省（东部沿长江地带和南部除外）和湖北省东南一带，使用人口占汉族总人数的2.4％左右。

**客家方言**

以广东梅县话为代表，主要分布在广东省东部、南部和北部，广西东南部，福建省西部，江西省南部，以及湖南、四川的少数地区，使用人口占汉族总人数的4％左右。

**闽南方言**

以厦门话为代表，分布在福建省南部，广东省东部和海南省的一部分，以及台湾省的大部分地区。南洋华侨也有不少人说闽南方言，使用人口占汉族总人数的3％左右。

**闽东方言**

以福州话为代表，分布在福建省北部和台湾省的一部分，使用人口占汉族总人数的1.2％左右。

粤方言

以广州话为代表，分布在广东省大部分地区和广西东南部。港澳同胞和南洋及其他一些国家的华侨，大多数都说粤方言，使用人口占汉族总人数的5%左右。

> **活动练习**

在校园里走一走，问问中国学生的家乡在哪里，是不是知道家乡人说什么方言。请他/她用家乡话说："你好！你吃饭了吗？""你是哪国的留学生？"用手机录音，对比各地方言的用词和发音。

# 二、汉字部分

## 文化点10　方块字

汉字称之为方块字，这是中国几千年来汉字书写规范的传统结论。人们为了把字写得整齐美观，就在写字的材料上画出方格，在方格内写字。宋代活字印刷术出现后，人们就在规则的方块模字中造字，特别是近代出现的书写速度较慢的仿宋体、黑体、宋体，字体四棱方正，清晰易认，被书籍报刊大量使用，人们依据原有观念上的方格和近代书写的方形字，认定所有汉字都是方块字，手写体的篆、隶、楷、行也就以方块字称谓了。

汉字产生于原始社会末期，至今已有五六千年的历史。从比较成熟的甲骨文算起，也有三千多年的历史。自甲骨文产生至今，汉字字体发展经历了古文字和今文字两大阶段，古文字阶段可分为甲骨文、金文、大篆、小篆等四个阶段，今文字阶段可以分为隶书、草书、楷书等几个阶段。

> **活动练习**

请你上网查一查各种字体，看看是不是都是方块字。

## 文化点11　文房四宝

笔墨纸砚，是中国独有的文书工具，即文房四宝。

"笔墨纸砚"之名，起源于南北朝时期。历史上，笔、墨、纸、砚所指之物屡有变化。在南唐时，"笔墨纸砚"特指安徽宣城诸葛笔、安徽徽州李廷圭墨、安徽徽州澄心堂纸、安徽徽州婺源龙尾砚。自宋朝以后,"笔墨纸砚"则特指宣笔(安徽宣城)、徽墨(安徽黄山市、宣城市)、宣纸(安徽宣城泾县)、歙砚(安徽徽州歙县)、洮砚(甘肃卓尼县)、端砚(广东肇庆,古称端州)。从元代起,湖笔(浙江湖州)渐兴,宣笔渐衰。改革开放后,宣笔渐渐恢复了生机。

作为文房四宝的故乡——安徽宣城,是我国文房四宝最正宗的原产地和饮誉世界的"中国文房四宝之乡",所产的宣纸(泾县)、宣笔(泾县/旌德)、徽墨(绩溪/旌德)、宣砚(旌德)举世闻名,为历代文人墨客所追捧。

### 活动练习

了解一下文房四宝精品各自的售价是多少,知道它们在中国有多珍贵。

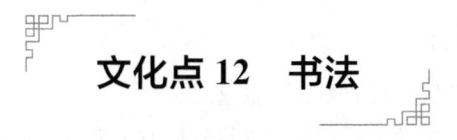

## 文化点 12　书法

书法是中国及受到中国文化影响的周边国家和地区特有的一种文字美的艺术表现形式。不同国家和民族形成了自己特有的书法,如汉字书法、蒙古文书法、阿拉伯书法和英文书法等。书法,是中国汉字特有的一种传统艺术。

从广义上讲,书法是指文字符号的书写法则。换言之,书法是指按照文字特点及其含义,以其书体笔法、结构和章法书写,使之成为富有美感的艺术作品。汉字书法为汉族独创的表现艺术,被誉为无言的诗、无形的舞、无图的画、无声的乐等。

书法是指用毛笔书写汉字的方法和规律,包括执笔、运笔、点画、结构、布局(分布、行次、章法)等内容。例如,执笔指实掌虚,五指齐力;运笔中锋铺毫;点画意到笔随,润峭相同;结构以字立形,相安呼应;分布错综复杂,疏密得宜,虚实相生,全章贯气等。

### 活动练习

请打开电脑文档,敲出你的汉语名字,在字体中选择不同的字体,看看你的名字发生了什么变化,说说你最喜欢哪种字体的书法。

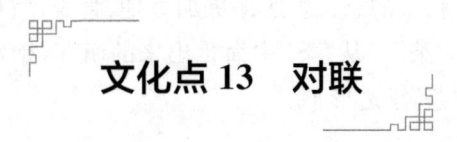

## 文化点 13　对联

对联,又称对偶、门对、春贴、春联、对子、桃符、楹联(因古时多悬挂于楼堂宅殿的楹柱而得名)等,是一种对偶文学,起源于桃符,是写在纸、布上或刻在竹子、木头、柱子上的对偶语句。对联对仗工整,平仄协调,是一字一音的汉语独特的艺术形式。

对联是中国传统文化瑰宝。2005 年,中国国务院把楹联习俗列为第一批国家非物质文化遗产名录。楹联习俗在华人乃至全球使用汉语的地区,以及与汉语汉字有文化渊源的民族中传承、流播,对于弘扬中华民族文化有着重大价值。

不管何类对联,使用何种形式,都具有以下特点:

1. 字数相等,断句一致

除有意空出某字的位置以达到某种效果外,上下联字数必须相同,不多不少。

2. 平仄相合,音调和谐

传统习惯是"仄起平落",即上联末句尾字用仄声,下联末句尾字用平声。

3. 词性相对,位置相同

一般称为"虚对虚,实对实",就是名词对名词,代词对代词,动词对动词,形容词对形容词,数量词对数量词,副词对副词,甚至介词、连词、助词、语气词也要一一相对,而且相对的词必须在相同的位置上。

4. 内容相关,上下衔接

上下联的含义必须相互衔接,但又不能重复。

此外,张挂的对联,传统做法还必须直写竖贴,自右而左,由上而下,不能颠倒。

与对联紧密相关的横批,可以说是对联的题目,也是对联的中心。好的横批在对联中可以起到画龙点睛、相互补充的作用。

## 活动练习

请你找一找周围的建筑上有没有对联,试试读懂它的含义,看看横批是不是总结概括了对联的内容。

# 文化点14 茶字的起源

在古代史料中,茶的名称很多,但"茶"是正名,"茶"字在中唐之前一般都写"荼"字。"荼"字一字多义,表示茶叶,是其中的一项。

由于茶叶生产的发展,饮茶的普及程度越来越高,"茶"的文字使用频率也越来越高。因此,民间的书写者,为了将茶的意义表达得更加清楚、直观,就把"荼"字减去一笔,成了现在我们看到的"茶"字。"茶"字从"荼"中简化出来的萌芽,始发于汉代,古汉印中有些"荼"字已减去一笔,成为"茶"字之形了。

茶的主要释义有:

1. 常绿木本植物,叶子长椭圆形,花一般为白色,种子有硬壳。嫩叶加工后就是茶叶。是我国南方重要的经济作物。

2. 用茶叶做成的饮料。

3. 旧时指聘礼(古时聘礼多用茶)。

· 220 ·

组词：

茶叶、喝茶、茶杯、茶房、茶馆、茶楼、茶饭、茶汤

> 活动练习

请你去看看超市或茶叶专营店有哪些种类的中国茶叶,然后和同学谈一谈各自国家的茶叶,告诉同学你最喜欢什么样的茶。

## 文化点 15 象形字

象形文字是由图画文字演化而来的,是一种最古老的字体。与表音文字不同,象形文字属于表意文字。由于象形文字复杂与学习难度高的固有属性,在大部分地区它渐渐被更容易学习和初步掌握的拼音文字取代。

象形文字是纯粹利用图形作为文字使用的,而这些文字又与所代表的东西在形状上很相像。一般而言,象形文字是最早产生的文字,即用文字的线条或笔画,把要表达物体的外形特征,具体地勾画出来。

例如,中国甲骨文的象形字"龟"字像一只龟的侧面形状;"马"字是一匹有马鬣、有四腿的马;"鱼"是一尾有鱼头、鱼身、鱼尾的游鱼;"艹"(草的本字)是两束草;"门"字就是左右两扇门的形状;"酒"字去掉三点水是酉,就像没有了酒的酒瓶;"月"字像一弯月亮的形状;"日"字就像一个圆形,中间有一点,很像人们在直视太阳时所看到的形态。

## 文化点 16 指事字

指事字(又称处事字)是一种抽象的造字法,也就是当没有或不方便用具体形象画出来时,就用一种抽象的符号来表示。大多数指事字是在象形字的基础上添加、减少笔画或符号。

例如,"上""下""凶"等等。"上""下"两个字是用横线"一"为界,在横线上用一点或较短的线指出上方的位置,写成"二",也就是"上"字;而在横线下面画符号为"卜",则是"下"字。"凶"字是指地上有一个深坑,走路的人没看见而踏空掉进坑里,"凵"代表深坑,中间的"×"符号就是象征在陷阱里放置的致命的危险物(交叉而置的箭)。一只手的指头朝右表示"左"字;指头朝左表示"右"字,右手的下边加"一"表示"寸"字。

指事字重在用抽象符号进行提示,是在象形字的基础上加表意的标志;象形字重在像原物之形,是照葫芦画瓢。

## 文化点 17　会意字

会意字，是指用两个及两个以上的独体汉字，根据各自的含义所组合成的一个新汉字，这种造字法就叫作会意，属于六种汉字分类，是"六书"中的一种。用会意造字法造出的汉字就是会意字。会意是为了补救象形和指事的局限而创造出来的造字方法。

与象形、指事相比，会意法具有明显的优越性：第一，它可以表示很多抽象的意义；第二，它的造字功能强。直到如今人们还用会意的方法创造简体汉字或方言字，如"灶""尘""国"等。

会意字是由两个或两个以上的形体组合而成的，组合的方式多种多样，这就是会意字之所以多于象形字和指事字的原因。如"人"和"木"："人"和"人"可以组合为"从、众"等，"人"还可以和其他形体组合为"保、伐、戍、付、伍"等；"木"和"木"可以组合为"林、森"，"木"还可以和其他形体组合为"相、采、困"等。因为会意字是两个或两个以上的形体的会合，所以可以表示许多抽象的、用象形或指事的方法难以表示的意义。

## 文化点 18　形声字

形声字是指汉字的一种造字方式，是在象形字、指事字、会意字的基础上形成的，由两个文或字复合成体，由表示意义范畴的意符（形旁）和表示声音类别的声符（声旁）组合而成。形声字是最能产的造字形式。意符一般由象形字或指事字充当，声符可以由象形字、指事字、会意字充当。

"形声"以其一半表音、一半表意的结构模式，适应了记录汉语的需要，既能表音又能表形，是一种最能产的造字方式，成为创造汉字的主要方法。现代楷体汉字中，90%以上的字都是形声字，并且仍然能够创造新字（如一些新造的简化字、科技用字等）。

许多形声字的性质其实更接近会意字。例如："返"，其中"辶"和"反"结合表示"朝相反的方向往回走"；"汽"，其中"氵"和"气"表示"由液体变成的气体"。

## 文化点 19　《说文解字》

《说文解字》（简称《说文》），是由东汉经学家、文字学家许慎编著的语文工具书著作。《说文解字》是中国最早的系统分析汉字字形和考究字源的语文辞书，也是世界上很早的字典之一。

《说文解字》内容共十五卷,其中前十四卷为文字解说,字头以小篆书写。此书编著时首次对"六书"做出了具体的解释,逐字解释字体来源;第十五卷为叙目,记录汉字的产生、发展、功用、结构等方面的问题,以及作者创作的目的。《说文解字》是最早的按部首编排的汉语字典。全书共分 540 个部首,收字 9 353 个,另有"重文"(即异体字)1 163 个,共 10 516 字。

《说文解字》是科学文字学和文献语言学的奠基之作,在中国语言学史上有重要的地位。历代对于《说文解字》都有许多学者研究,清朝时研究最为兴盛。如段玉裁的《说文解字注》、朱骏声的《说文通训定声》、桂馥的《说文解字义证》、王筠的《说文释例》和《说文句读》尤备被推崇,四人也因此获称为"说文四大家"。

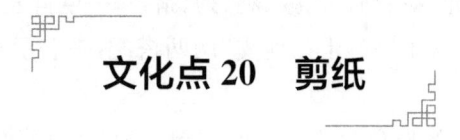

## 文化点 20　剪纸

剪纸是一种用剪刀或刻刀在纸上剪刻花纹,用于装点生活或配合其他民俗活动的民间艺术。在中国,剪纸具有广泛的群众基础,交融于各族人民的社会生活,是各种民俗活动的重要组成部分。其视觉形象和造型格式,蕴含了丰富的文化历史信息,表达了广大民众的社会认知、道德观念、实践经验、生活理想和审美情趣,具有认知、教化、表意、抒情、娱乐、交往等多重社会价值。

2006 年 5 月 20 日,剪纸艺术遗产经国务院批准列入第一批国家级非物质文化遗产名录。2009 年 9 月 28 日至 10 月 2 日举行的联合国教科文组织保护非物质文化遗产政府间委员会第四次会议上,中国申报的中国剪纸项目入选"人类非物质文化遗产代表作名录"。

民间剪纸善于把多种物象组合在一起,并产生出理想中的美好结果。无论用一个或多个形象组合,皆是"以象寓意""以意构象"来造型,而不是根据客观的自然形态来造型,同时又善于用比兴的手法创造出来多种吉祥物,把约定俗成的形象组合起来表达自己的心理。追求吉祥的喻义成为意象组合的最终目的之一。地域的封闭和文化的局限,以及自然灾害等逆境的侵扰,激发了人们对幸福生活的渴望。人们祈求丰衣足食、人丁兴旺、健康长寿、万事如意,这些朴素的愿望,便通过剪纸传达出来。

## 三、词汇部分

### 文化点 21　十二生肖

　　十二生肖,又叫属相,是中国与十二地支相配、以人出生年份为基础所规定的十二种动物,包括鼠、牛、虎、兔、龙、蛇、马、羊、猴、鸡、狗、猪,每一生肖表示一岁,也便于民间百姓记忆。干支纪元法,用"十天干"和"十二地支"两两搭配,来表示年、月、日的序号,六十年一循环周期。

　　十二生肖是十二地支的形象化代表,即子(鼠)、丑(牛)、寅(虎)、卯(兔)、辰(龙)、巳(蛇)、午(马)、未(羊)、申(猴)、酉(鸡)、戌(狗)、亥(猪)。随着历史的发展,相生相克的民间信仰观念逐渐融合到十二生肖中,表现在婚姻、人生、年运等,每一种生肖都有丰富的传说,并以此形成一种观念阐释系统,成为民间文化中的形象哲学,如婚配上的属相、庙会祈祷、本命年等。现代生活中,更多人把生肖作为春节的吉祥物,成为文化娱乐活动的象征。

　　民间通常认为,老鼠偷吃粮食,证明"仓鼠有余粮",说明这户富足,家中鼠多象征富裕。

　　因为牛耕,中国人对牛感情渐深,把诸如憨厚勤劳、不求回报等优秀品质附在牛身上。

　　虎是百兽之王,寅虎相配,意为"阳气上升",是威猛的象征,为镇宅辟邪之灵物。

　　兔子一向都给人温和的印象,能够引起奇妙的联想,具有善、美、祥和的寓意。

　　龙是古代神话传说中生活于海洋的神异生物,是和风化雨的主宰,常用来象征祥瑞。

　　生肖蛇是"小龙"的化身,象征幸运、吉祥和神圣,也可象征长寿和财富。

　　作为六畜之首,马除了用于交通运输,还是强大的军事装备。战国以"万乘之国""千乘之国"等马拉战车的数量来形容国力强弱。

　　古人视羊为"德畜",善群、好仁、死义、知礼。"善群"指羊喜欢聚群。"好仁"指羊善良,有角但不好斗。在岁首用"三阳开泰"寓示吉祥平安,民间改作"三羊开泰",以年画剪纸等描绘三只大羊祈祷国泰民安。

　　猴与"侯"同音,猴子骑马寓意马上封侯;猴向枫树上挂印寓意封侯挂印;一只猴子骑在另一只猴子背上寓意辈辈封侯。猴爱吃桃,桃子象征长寿,民间剪纸也常见"猴桃瑞寿"图案,取长寿之意。

　　鸡最显著的象征意义就是守信、准时。自古以来,都有金鸡报晓的说法,意味着天将明,还能引申到由黑暗到光明的象征。

　　忠诚、警惕和维护是狗的普遍符号意义。狗有权衡敌友的能力,自我约束、严守纪律的品质,也是忠诚、警惕、勇气的化身。

在农耕社会,猪和马、牛、羊、鸡、犬共称为"六畜",如果家里没有养猪,就不成为"家"。同时,猪也是财富的标志,猪的性情温驯可爱,有圆滚滚的外表和气量宽广的胸怀。猪憨厚老实、心宽体胖,代表心中坦然无憾,身体舒泰安康。

生肖作为悠久的民俗文化符号,历代留下了大量描绘生肖形象和象征意义的工艺作品。除中国外,世界多国在春节期间发行生肖邮票,以此来表达对中国新年的祝福。

## 文化点 22　移动支付

移动支付是指移动客户端利用手机等电子产品来进行电子货币支付,移动支付将互联网、终端设备、金融机构有效地联合起来,形成一个新型的支付体系。移动支付不仅能够进行货币支付,还可以缴纳话费、燃气、水电等生活费用。移动支付开创了新的支付方式,使电子货币开始普及。

1. 支付宝

支付宝(中国)网络技术有限公司是中国的第三方支付平台,致力于提供简单、安全、快速的支付解决方案。支付宝公司从 2004 年建立开始,旗下有"支付宝"与"支付宝钱包"两个独立品牌,自 2014 年第二季度开始成为当前全球最大的移动支付厂商。

支付宝已发展成为融合了支付、生活服务、政务服务、社交、理财、保险、公益等多个场景与行业的开放性平台。除提供便捷的支付、转账、收款等基础功能外,还能快速完成信用卡还款、充话费、缴水电煤费等。通过智能语音机器人一步触达上百种生活服务,使用者不仅能享受消费打折、跟好友建群互动,还能轻松理财、累积信用。除中国大陆以外,目前支付宝还覆盖到了其他 38 个国家和地区。

2. 微信支付

微信支付是集成在微信客户端的支付功能,用户可以通过手机完成快速的支付流程。微信支付以绑定银行卡的快捷支付为基础,向用户提供安全、快捷、高效的支付服务。

微信支付已实现刷卡支付、扫码支付、公众号支付、APP 支付,并提供企业红包、代金券、立减优惠等营销新工具,满足用户及商户的不同支付场景。

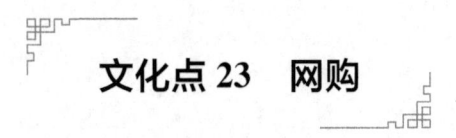

## 文化点 23　网购

网上购物,就是通过互联网检索商品信息,并通过电子订购单发出购物请求,然后填上私人支票账号或信用卡的号码,厂商通过邮购的方式发货,或是通过快递公司送货上门。中国国内的网上购物,一般付款方式是款到发货(直接银行转账、在线汇款等),担保交易则是货到付款。

国家工商行政管理总局(2018年调整并入国家市场监督管理总局)颁布的《网络交易管理办法》,自2014年3月15日起施行,网购商品7天内可无理由退货。2017年12月1日,《公共服务领域英文译写规范》正式实施,规定网上购物标准英文名为Online Shopping。

对于消费者来说,网购可以让消费者在家"逛商店",订货不受时间、地点的限制;获得较大量的商品信息,可以买到当地没有的商品;网上支付较传统用现金支付更加安全,可避免现金丢失或遭到抢劫的情况;从订货、买货到货物上门无需亲临现场,既省时,又省力。

对于商家来说,网上销售库存压力较小、经营成本低、经营规模不受场地限制,在将来会有更多的企业选择网上销售,通过互联网对市场信息的及时反馈适时调整经营战略,以此提高企业的经济效益和参与国际竞争的能力。

1. 淘宝

淘宝网是亚太地区较大的网络零售、商圈,由阿里巴巴集团在2003年5月创立。淘宝网是中国深受欢迎的网购零售平台,拥有近5亿的注册用户数,每天有超过6 000万的固定访客,同时每天在线商品数已经超过了8亿件,平均每分钟售出4.8万件商品。

随着淘宝网规模的扩大和用户数量的增加,淘宝也从单一的C2C网络集市变成了包括C2C、团购、分销、拍卖等多种电子商务模式在内的综合性零售商圈,目前已经成为世界范围的电子商务交易平台之一。

2. 京东

京东,中国自营式电商企业,创始人刘强东担任京东集团董事局主席兼首席执行官。旗下设有京东商城、京东金融、拍拍网、京东智能、O2O及海外事业部等。2013年,正式获得虚拟运营商牌照。2014年5月,在美国纳斯达克证券交易所正式挂牌上市。

在线销售包括计算机、手机及其他数码产品、家电、汽车配件、服装与鞋类、奢侈品、家居与家庭用品、化妆品与其他个人护理用品、食品与营养品、书籍与其他媒体产品、母婴用品与玩具、体育与健身器材以及虚拟商品等,共13大类3 150万种SKU的商品。

# 参考文献

[1] 陈东东,刘欣雅.国际汉语教学活动50例[M].北京:外语教学与研究出版社,2019.

[2] 陈刚.北京方言词典[M].北京:商务印书馆,1985.

[3] 陈顾.浅述楹联的平仄[J].中共福建省委党校学报,2002(12):88-90.

[4] 陈学晶.汉字:方块字里的中国[M].北京:五洲传播出版社,2022.

[5] 程裕祯.中国文化要略[M].4版.北京:外语教学与研究出版社,2017.

[6] 丁安琪.专职对外汉语教师对课堂活动看法的调查:对外汉语课堂活动系列调查之一[J].语言教学与研究,2006(6):57-63.

[7] 段玉裁.说文解字注[M].北京:中华书局,2013.

[8] 冯冬梅.试论游戏在对外汉语课堂教学中的运用[J].消费导刊,2008(17):169,171.

[9] 高承珊.文房四宝中的性格:谈笔、墨、纸、砚的天人合一[J].华中师范大学学报(人文社会科学版),2006,45(S1):160-162.

[10] 龚亚夫,罗少茜.任务型语言教学[M].北京:人民教育出版社,2003.

[11] 何海燕.十二生肖惯用语文化内涵探析[J].保定学院学报,2013,26(6):79-84.

[12] 侯国金.语用象似论[J].语言教学与研究,2007(2):64-71.

[13] 胡明扬.对外汉语教学中语汇教学的若干问题[J].语言文字应用,1997(1):14-19.

[14] 黄伯荣,廖序东.现代汉语:下册[M].5版.北京:高等教育出版社,2011.

[15] 贾志刚.中国近代戏曲史[M].北京:文化艺术出版社,2011.

[16] 教育部中外语言交流合作中心.国际中文教育中文水平等级标准[S].北京:北京语言大学出版社,2021.

[17] 孔广森.诗声类:十二卷[M].北京:中华书局,1983.

[18] 孔子学院总部/国家汉办.HSK考试大纲:三级[M].北京:人民教育出版社,2015.

[19] 孔子学院总部/国家汉办.HSK考试大纲:四级[M].北京:人民教育出版社,2015.

[20] 黎运汉,盛永生.汉语修辞学[M].2版.广州:广东教育出版社,2010.

[21] 李春艳,付永兴.绕口令语言特征浅论[J].文学教育(下),2012(11):42-43.

[22] 李飞跃.中国古典诗歌平仄律的形成与嬗变[J].中国社会科学,2015(3):136-157,

208-209.

[23] 李乃亮.语文教学中的对联探趣[J].文教资料,2018(20):29-30.

[24] 李萍,等.天地融入一茶汤:中华茶道中的儒学精神[M].北京:人民出版社,2019.

[25] 李荣.现代汉语方言大词典[M].南京:江苏教育出版社,2002.

[26] 李曙.浅析民间剪纸中的汉字艺术[J].美与时代(上半月),2009(10):95-97.

[27] 李土生.十二生肖生命的密码[J].中华民居,2009(3):114-121.

[28] 李云龙.《春晓》的词义、诗意与教科书支持[J].语文建设,2021(8):51-54.

[29] 李振国.律诗平仄分析中的几个环节[J].内蒙古电大学刊,1990(3):10-11.

[30] 梁宇.任务型教学法在对外汉语写作教材中的体现:评《体验汉语写作教程》系列教材[J].海外华文教育,2008(4):51-56.

[31] 林宝卿.汉语与中国文化[M].北京:科学出版社,2000.

[32] 刘学锴.唐诗选注评鉴:十卷本[M].郑州:中州古籍出版社,2019.

[33] 卢晓为.淘宝体语言特点分析[J].广东外语外贸大学学报,2013,24(6):42-45.

[34] 吕叔湘.现代汉语八百词:增订本[M].北京:商务印书馆,1999.

[35] 马箭飞.任务式大纲与汉语交际任务[J].语言教学与研究,2002(4):27-34.

[36] 马智.对外汉语课堂游戏教学法研究综述[D].长春:东北师范大学,2011.

[37] 毛海莹.中国生肖语言的文化隐喻与对外汉语教学[J].云南师范大学学报,2003,1(5):58-62.

[38] 孟斌斌,谭英,李明岩.对外汉语教学中游戏教学法的运用[J].科技信息,2011(5):22-22,6.

[39] 孟庆宏.纵横交错寓意深刻:王之涣《登鹳雀楼》赏析[J].语文学刊,2010(22):78.

[40] 青木正儿.中国近世戏曲史[M].王古鲁,编译.增订本.北京:中华书局,1954.

[41] 上海书画出版社.历代书法论文选[M].上海:上海书画出版社,1979.

[42] 邵冰.京剧风格流行歌曲初探:以《故乡是北京》等三首歌曲为例[J].解放军艺术学院学报,2013(4):81-83.

[43] 申小龙.语言学纲要[M].上海:复旦大学出版社,2003.

[44] 沈冬梅.新考古学视野下的茶叶文明起源研究[J].农业考古,2022(2):7-16.

[45] 苏轼.苏轼全集[M].上海:上海古籍出版社,2000.

[46] 孙德坤.关于开展课堂教学活动研究的一些设想[J].世界汉语教学,1992,6(2):125-131.

[47] 孙绍振.《天净沙·秋思》:秋之乡愁[J].语文建设,2023(7):45-50.

[48] 汪洋.《次北固山下》杂考[J].宁夏师范学院学报,2015,36(2):15-19.

[49] 王德春.汉语国俗词典[M].南京:河海大学出版社,1990.

[50] 王古鲁.中国近代戏曲史[M].中华书局,1954.

[51] 王建喜.汉字文化传播与传承的层级性[J].中国语言战略,2022(2):73-82.

[52] 王宁.汉字六论[M].北京:中国大百科全书出版社,2017.

[53] 王宁.系统论与汉字构形学的创建[J].暨南学报(哲学社会科学),2000,22(2):15-21.

[54] 王宁,谢栋元,刘方.《说文解字》与中国古代文化[M].沈阳:辽宁人民出版社,2000.

[55] 王苹.汉语谐音表达的客观基础[J].修辞学习,2000(2):8-10.

[56] 王魏,孙淇.国际汉语教师课堂技巧教学手册[M].北京:高等教育出版社,2011.

[57] 王希杰.汉语修辞学[M].3版.北京:商务印书馆,2014.

[58] 吴超.中国绕口令[M].上海:上海文艺出版社,2001.

[59] 吴怀东.诗与史:李绅《悯农》诗再论[J].名作欣赏,2021(28):114-118.

[60] 吴中伟.任务:作为教学内容还是作为教学途径[J].国际汉语教学研究,2016(1):17-21.

[61] 萧涤非.唐诗鉴赏辞典[M].上海:上海辞书出版社,1983.

[62] 徐志摩.徐志摩诗文名篇[M].长春:时代文艺出版社,2005.

[63] 许国璋.语言符号的任意性问题:语言哲学探索之一[J].外语教学与研究,1988,20(3):2-10,79.

[64] 许嘉璐.中华文化的前途和使命[M].北京:中华书局,2017.

[65] 许之敏.民间剪纸[M].北京:中国轻工业出版社,2005.

[66] 闫晶.游戏式任务教学法在国际汉语教学中的应用[D].哈尔滨:黑龙江大学,2011.

[67] 姚洋.浅谈对外汉语的课堂游戏教学[J].改革与开放,2011(2):149,151.

[68] 余怀亭.词的平仄句式、拗句、衬逗和对仗[J].安庆师范学院学报(社会科学版),1997(2):65-69.

[69] 张弛.课堂活动辅助初级汉语综合课教学研究[D].南宁:广西民族大学,2012.

[70] 张德禄,苗兴伟,李学宁.功能语言学与外语教学[M].北京:外语教学与研究出版社,2005.

[71] 张庚,陶钝,沈彭年.中国戏曲、曲艺[M].北京:中国大百科全书出版社,2014.

[72] 张惠芬.张老师教汉字·汉字识写课本:上[M].北京:北京语言大学出版社,2005.

[73] 张明志,刘红玉,李兆丞,等.中国服务业高质量发展评价与实现路径[J].重庆工商大学学报(社会科学版),2022,39(3):24-37.

[74] 张同标,梁燕.中国传统汉字装饰性研究[M].南京:东南大学出版社,2017.

[75] 赵华.谐音"画"汉字[M].北京:北京大学出版社,2012.

[76] 赵金铭.对外汉语教学概论[M].北京:商务印书馆,2004.

[77] 赵金铭.谐音与文化[J].语言教学与研究,1987(1):40-56.

[78] 郑晶晶,李丽.移动支付的应用与探究[J].现代商贸工业,2017,29(31):57-59.

[79] 郑一凡.论春联在对外汉语教学中的应用[J].才智,2014(18):126.
[80] 中国艺术研究院音乐研究所,《中国音乐词典编辑部》.中国音乐词典[M].北京:人民音乐出版社,1984.
[81] 周健.汉语课堂教学技巧325例[M].北京:商务印书馆,2009.
[82] 朱永生.论语言符号的任意性与象似性[J].外语教学与研究,2002,34(1):2-7,80.
[83] 邹德贞.泰国小学汉语教学课堂活动探讨[D].北京:中央民族大学,2012.
[84] 邹智勇,薛睿.中国经典诗词认知诗学研究[M].武汉:武汉大学出版社,2014.